INGLÊS
VOCABULÁRIO

PALAVRAS MAIS ÚTEIS

PORTUGUÊS
INGLÊS AMERICANO

Para alargar o seu léxico e apurar
as suas competências linguísticas

3000 palavras

Vocabulário Português-Inglês americano - 3000 palavras

Por Andrey Taranov

Os vocabulários da T&P Books destinam-se a ajudar a aprender, a memorizar, e a rever palavras estrangeiras. O dicionário é dividido em temas, cobrindo todas as principais esferas de atividades quotidianas, negócios, ciência, cultura, etc.

O processo de aprendizagem, utilizando os dicionários baseados em temáticas da T&P Books dá-lhe as seguintes vantagens:

- Informação de origem corretamente agrupada predetermina o sucesso em fases subsequentes da memorização de palavras
- Disponibilização de palavras derivadas da mesma raiz, o que permite a memorização de unidades de texto (em vez de palavras separadas)
- Pequenas unidades de palavras facilitam o processo de estabelecimento de vínculos associativos necessários para a consolidação do vocabulário
- O nível de conhecimento da língua pode ser estimado pelo número de palavras aprendidas

T&P Books Publishing
www.tpbooks.com

ISBN: 978-1-78400-840-6

Este livro também está disponível em formato E-book.
Por favor visite www.tpbooks.com ou as principais livrarias on-line.

VOCABULÁRIO INGLÊS AMERICANO
palavras mais úteis

Os vocabulários da T&P Books destinam-se a ajudar a aprender, a memorizar, e a rever palavras estrangeiras. O vocabulário contém mais de 3000 palavras de uso comum organizadas tematicamente.

O vocabulário contém as palavras mais comummente usadas
Recomendado como adicional para qualquer curso de línguas
Satisfaz as necessidades dos iniciados e dos alunos avançados de línguas estrangeiras
Conveniente para o uso diário, sessões de revisão e atividades de auto-teste
Permite avaliar o seu vocabulário

Características especias do vocabulário

- As palavras estão organizadas de acordo com o seu significado, e não por ordem alfabética
- As palavras são apresentadas em três colunas para facilitar os processos de revisão e auto-teste
- As palavras compostas são divididas em pequenos blocos para facilitar o processo de aprendizagem
- O vocabulário oferece uma transcrição simples e adequada de cada palavra estrangeira

O vocabulário contém 101 tópicos incluindo:

Conceitos básicos, Números, Cores, Meses, Estações do ano, Unidades de medida, Roupas & Acessórios, Alimentos & Nutrição, Restaurante, Membros da Família, Parentes, Caráter, Sentimentos, Emoções, Doenças, Cidade, Passeios, Compras, Dinheiro, Casa, Lar, Escritório, Trabalho no Escritório, Importação & Exportação, Marketing, Pesquisa de Emprego, Desportos, Educação, Computador, Internet, Ferramentas, Natureza, Países, Nacionalidades e muito mais ...

TABELA DE CONTEÚDOS

Guia de pronunciação   8
Abreviaturas   10

CONCEITOS BÁSICOS   11

1. Pronomes   11
2. Cumprimentos. Saudações   11
3. Questões   12
4. Preposições   12
5. Palavras funcionais. Advérbios. Parte 1   12
6. Palavras funcionais. Advérbios. Parte 2   14

NÚMEROS. DIVERSOS   16

7. Números cardinais. Parte 1   16
8. Números cardinais. Parte 2   17
9. Números ordinais   17

CORES. UNIDADES DE MEDIDA   18

10. Cores   18
11. Unidades de medida   18
12. Recipientes   19

VERBOS PRINCIPAIS   21

13. Os verbos mais importantes. Parte 1   21
14. Os verbos mais importantes. Parte 2   22
15. Os verbos mais importantes. Parte 3   23
16. Os verbos mais importantes. Parte 4   23

TEMPO. CALENDÁRIO   25

17. Dias da semana   25
18. Horas. Dia e noite   25
19. Meses. Estações   26

VIAGENS. HOTEL 28

20. Viagens 28
21. Hotel 28
22. Turismo 29

TRANSPORTES 31

23. Aeroporto 31
24. Avião 32
25. Comboio 32
26. Barco 33

CIDADE 36

27. Transportes urbanos 36
28. Cidade. Vida na cidade 37
29. Instituições urbanas 38
30. Sinais 39
31. Compras 40

VESTUÁRIO & ACESSÓRIOS 42

32. Roupa exterior. Casacos 42
33. Vestuário de homem & mulher 42
34. Vestuário. Roupa interior 43
35. Adereços de cabeça 43
36. Calçado 43
37. Acessórios pessoais 44
38. Vestuário. Diversos 44
39. Cuidados pessoais. Cosméticos 45
40. Relógios de pulso. Relógios 46

EXPERIÊNCIA DO QUOTIDIANO 47

41. Dinheiro 47
42. Correios. Serviço postal 48
43. Banca 48
44. Telefone. Conversação telefónica 49
45. Telefone móvel 50
46. Estacionário 50
47. Línguas estrangeiras 51

REFEIÇÕES. RESTAURANTE 53

48. Por a mesa 53
49. Restaurante 53
50. Refeições 53
51. Pratos cozinhados 54
52. Comida 55

53. Bebidas 57
54. Vegetais 58
55. Frutos. Nozes 59
56. Pão. Bolaria 59
57. Especiarias 60

INFORMAÇÃO PESSOAL. FAMÍLIA 61

58. Informação pessoal. Formulários 61
59. Membros da família. Parentes 61
60. Amigos. Colegas de trabalho 62

CORPO HUMANO. MEDICINA 64

61. Cabeça 64
62. Corpo humano 65
63. Doenças 65
64. Sintomas. Tratamentos. Parte 1 67
65. Sintomas. Tratamentos. Parte 2 68
66. Sintomas. Tratamentos. Parte 3 69
67. Medicina. Drogas. Acessórios 69

APARTAMENTO 71

68. Apartamento 71
69. Mobiliário. Interior 71
70. Quarto de dormir 72
71. Cozinha 72
72. Casa de banho 73
73. Eletrodomésticos 74

A TERRA. TEMPO 75

74. Espaço sideral 75
75. A Terra 76
76. Pontos cardeais 77
77. Mar. Oceano 77
78. Nomes de Mares e Oceanos 78
79. Montanhas 79
80. Nomes de montanhas 80
81. Rios 80
82. Nomes de rios 81
83. Floresta 81
84. Recursos naturais 82
85. Tempo 83
86. Tempo extremo. Catástrofes naturais 84

FAUNA 86

87. Mamíferos. Predadores 86
88. Animais selvagens 86

89. Animais domésticos 87
90. Pássaros 88
91. Peixes. Animais marinhos 90
92. Amfíbios. Répteis 90
93. Insetos 91

FLORA 92

94. Árvores 92
95. Arbustos 92
96. Frutos. Bagas 93
97. Flores. Plantas 94
98. Cereais, grãos 95

PAÍSES DO MUNDO 96

99. Países. Parte 1 96
100. Países. Parte 2 97
101. Países. Parte 3 97

GUIA DE PRONUNCIAÇÃO

Letra	Exemplo Inglês americano	Alfabeto fonético T&P	Exemplo Português

Vogais

Letra	Exemplo Inglês americano	Alfabeto fonético T&P	Exemplo Português
a	age	[eɪ]	seis
a	bag	[æ]	semana
a	car	[ɑ:]	rapaz
a	care	[eə]	fêmea
e	meat	[i:]	cair
e	pen	[e]	metal
e	verb	[ɜ]	minhoca
e	here	[ɪə]	variedade
i	life	[aj]	baixar
i	sick	[ɪ]	sinónimo
i	girl	[ø]	orgulhoso
i	fire	[ajə]	flyer
o	rose	[əʊ]	réu
o	shop	[ɒ]	chamar
o	sport	[ɔ:]	emboço
o	ore	[ɔ:]	emboço
u	to include	[u:]	blusa
u	sun	[ʌ]	fax
u	church	[ɜ]	minhoca
u	pure	[ʊə]	adoecer
y	to cry	[aj]	baixar
y	system	[ɪ]	sinónimo
y	Lyre	[ajə]	flyer
y	party	[ɪ]	sinónimo

Consoantes

Letra	Exemplo Inglês americano	Alfabeto fonético T&P	Exemplo Português
b	bar	[b]	barril
c	city	[s]	sanita
c	clay	[k]	kiwi
d	day	[d]	dentista
f	face	[f]	safári
g	geography	[dʒ]	adjetivo
g	glue	[g]	gosto
h	home	[h]	[h] aspirada
j	joke	[dʒ]	adjetivo
k	king	[k]	kiwi

Letra	Exemplo Inglês americano	Alfabeto fonético T&P	Exemplo Português
l	love	[l]	libra
m	milk	[m]	magnólia
n	nose	[n]	natureza
p	pencil	[p]	presente
q	queen	[k]	kiwi
r	rose	[r]	riscar
s	sleep	[s]	sanita
s	please	[z]	sésamo
s	pleasure	[ʒ]	talvez
t	table	[t]	tulipa
v	velvet	[v]	fava
w	winter	[w]	página web
x	ox	[ks]	perplexo
x	exam	[gz]	Yangtzé
z	azure	[ʒ]	talvez
z	zebra	[z]	sésamo

Combinações de letras

ch	China	[ʧ]	Tchau!
ch	chemistry	[k]	kiwi
ch	machine	[ʃ]	mês
sh	ship	[ʃ]	mês
th	weather	[ð]	[z] - fricativa dental sonora não-sibilante
th	tooth	[θ]	[s] - fricativa dental surda não-sibilante
ph	telephone	[f]	safári
ck	black	[k]	kiwi
ng	ring	[ŋ]	alcançar
ng	English	[ŋ]	alcançar
wh	white	[w]	página web
wh	whole	[h]	[h] aspirada
wr	wrong	[r]	riscar
gh	enough	[f]	safári
gh	sign	[n]	natureza
kn	knife	[n]	natureza
qu	question	[kv]	aquário
tch	catch	[ʧ]	Tchau!
oo+k	book	[ʊ]	bonita
oo+r	door	[ɔ:]	emboço
ee	tree	[i:]	cair
ou	house	[aʊ]	produção
ou+r	our	[aʊə]	similar - Espanhol 'cacahuete'
ay	today	[eɪ]	seis
ey	they	[eɪ]	seis

ABREVIATURAS
usadas no vocabulário

Abreviaturas do Português

adj	-	adjetivo
adv	-	advérbio
anim.	-	animado
conj.	-	conjunção
desp.	-	desporto
etc.	-	etecetra
ex.	-	por exemplo
f	-	nome feminino
f pl	-	feminino plural
fem.	-	feminino
inanim.	-	inanimado
m	-	nome masculino
m pl	-	masculino plural
m, f	-	masculino, feminino
masc.	-	masculino
mat.	-	matemática
mil.	-	militar
pl	-	plural
prep.	-	preposição
pron.	-	pronome
sb.	-	sobre
sing.	-	singular
v aux	-	verbo auxiliar
vi	-	verbo intransitivo
vi, vt	-	verbo intransitivo, transitivo
vr	-	verbo reflexivo
vt	-	verbo transitivo

Abreviaturas do Inglês americano

v aux	-	verbo auxiliar
vi	-	verbo intransitivo
vi, vt	-	verbo intransitivo, transitivo
vt	-	verbo transitivo

CONCEITOS BÁSICOS

1. Pronomes

eu	I, me	[aɪ], [mi:]
tu	you	[ju:]
ele	he	[hi:]
ela	she	[ʃi:]
ele, ela (neutro)	it	[ɪt]
nós	we	[wi:]
vocês	you	[ju:]
eles, elas	they	[ðeɪ]

2. Cumprimentos. Saudações

Olá!	Hello!	[hə'ləʊ]
Bom dia! (formal)	Hello!	[hə'ləʊ]
Bom dia! (de manhã)	Good morning!	[gʊd 'mɔ:nɪŋ]
Boa tarde!	Good afternoon!	[gʊd ˌɑ:ftə'nu:n]
Boa noite!	Good evening!	[gʊd 'i:vnɪŋ]
cumprimentar (vt)	to say hello	[tə seɪ hə'ləʊ]
Olá!	Hi!	[haɪ]
saudação (f)	greeting	['gri:tɪŋ]
saudar (vt)	to greet (vt)	[tə gri:t]
Como vai?	How are you?	[ˌhaʊ ə 'ju:]
O que há de novo?	What's new?	[ˌwɒts 'nju:]
Até à vista!	Bye-Bye! Goodbye!	[baɪ-baɪ], [gʊd'baɪ]
Até breve!	See you soon!	['si: ju ˌsu:n]
Adeus!	Goodbye!	[gʊd'baɪ]
despedir-se (vr)	to say goodbye	[tə seɪ gʊd'baɪ]
Até logo!	So long!	[ˌsəʊ 'lɒŋ]
Obrigado! -a!	Thank you!	['θæŋk ju:]
Muito obrigado! -a!	Thank you very much!	['θæŋk ju 'verɪ mʌtʃ]
De nada	You're welcome.	[juɑ: 'welkəm]
Não tem de quê	Don't mention it!	[ˌdəʊnt 'menʃən ɪt]
Desculpa! -pe!	Excuse me!	[ɪk'skju:z mi:]
desculpar (vt)	to excuse (vt)	[tə ɪk'skju:z]
desculpar-se (vr)	to apologize (vi)	[tə ə'pɒlədʒaɪz]
As minhas desculpas	My apologies.	[maɪ ə'pɒlədʒɪz]
Desculpe!	I'm sorry!	[aɪm 'sɒrɪ]
Não faz mal	It's okay!	[ɪts ˌəʊ'keɪ]

por favor	please	[pliːz]
Não se esqueça!	Don't forget!	[ˌdəʊnt fə'get]
Certamente! Claro!	Certainly!	['sɜːtənlɪ]
Claro que não!	Of course not!	[əv ˌkɔːs 'nɒt]
Está bem! De acordo!	Okay!	[ˌəʊ'keɪ]
Basta!	That's enough!	[ðæts ɪ'nʌf]

3. Questões

Quem?	Who?	[huː]
Que?	What?	[wɒt]
Onde?	Where?	[weə]
Para onde?	Where?	[weə]
De onde?	From where?	[frɒm weə]
Quando?	When?	[wen]
Para quê?	Why?	[waɪ]

Para quê?	What for?	[wɒt fɔː(r)]
Como?	How?	[haʊ]
Qual? (entre dois ou mais)	Which?	[wɪtʃ]
A quem?	To whom?	[tə huːm]
Sobre quem?	About whom?	[ə'baʊt ˌhuːm]
Do quê?	About what?	[ə'baʊt ˌwɒt]
Com quem?	With whom?	[wɪð 'huːm]
Quantos? -as?	How many?	[ˌhaʊ 'menɪ]
Quanto?	How much?	[ˌhaʊ 'mʌtʃ]
De quem?	Whose?	[huːz]

4. Preposições

com (prep.)	with	[wɪð]
sem (prep.)	without	[wɪ'ðaʊt]
a, para (exprime lugar)	to	[tuː]
sobre (ex. falar ~)	about	[ə'baʊt]
antes de ...	before	[bɪ'fɔː(r)]
diante de ...	in front of ...	[ɪn 'frʌnt əv]

sob (debaixo de)	under	['ʌndə(r)]
sobre (em cima de)	above	[ə'bʌv]
sobre (~ a mesa)	on	[ɒn]
de (vir ~ Lisboa)	from	[frɒm]
de (feito ~ pedra)	of	[əv]
dentro de (~ dez minutos)	in	[ɪn]
por cima de ...	over	['əʊvə(r)]

5. Palavras funcionais. Advérbios. Parte 1

Onde?	Where?	[weə]
aqui	here	[hɪə(r)]
lá, ali	there	[ðeə(r)]

| em algum lugar | somewhere | ['sʌmweə(r)] |
| em lugar nenhum | nowhere | ['nəʊweə(r)] |

| ao pé de ... | by | [baɪ] |
| ao pé da janela | by the window | [baɪ ðə 'wɪndəʊ] |

Para onde?	Where?	[weə]
para cá	here	[hɪə(r)]
para lá	there	[ðeə(r)]
daqui	from here	[frɒm hɪə(r)]
de lá, dali	from there	[frɒm ðeə(r)]

| perto | close | [kləʊs] |
| longe | far | [fɑ:(r)] |

perto, não fica longe	not far	[nɒt fɑ:(r)]
esquerdo	left	[left]
à esquerda	on the left	[ɒn ðə left]
para esquerda	to the left	[tə ðə left]

direito	right	[raɪt]
à direita	on the right	[ɒn ðə raɪt]
para direita	to the right	[tə ðə raɪt]

à frente	in front	[ɪn frʌnt]
da frente	front	[frʌnt]
em frente (para a frente)	ahead	[ə'hed]

atrás de ...	behind	[bɪ'haɪnd]
por detrás (vir ~)	from behind	[frɒm bɪ'haɪnd]
para trás	back	[bæk]

| meio (m), metade (f) | middle | ['mɪdəl] |
| no meio | in the middle | [ɪn ðə 'mɪdəl] |

de lado	at the side	[ət ðə saɪd]
em todo lugar	everywhere	['evrɪweə(r)]
ao redor (olhar ~)	around	[ə'raʊnd]

de dentro	from inside	[frɒm ɪn'saɪd]
para algum lugar	somewhere	['sʌmweə(r)]
diretamente	straight	[streɪt]
de volta	back	[bæk]

| de algum lugar | from anywhere | [frɒm 'enɪweə(r)] |
| de um lugar | from somewhere | [frɒm 'sʌmweə(r)] |

em primeiro lugar	firstly	['fɜ:stlɪ]
em segundo lugar	secondly	['sekəndlɪ]
em terceiro lugar	thirdly	['θɜ:dlɪ]

de repente	suddenly	['sʌdənlɪ]
no início	at first	[ət fɜ:st]
pela primeira vez	for the first time	[fɔ: ðə 'fɜ:st ˌtaɪm]
muito antes de ...	long before ...	[lɒŋ bɪ'fɔ:(r)]
para sempre	for good	[fɔ: 'gʊd]

nunca	never	['nevə(r)]
de novo	again	[ə'gen]
agora	now	[naʊ]
frequentemente	often	['ɒfən]
então	then	[ðen]
urgentemente	urgently	['ɜːdʒəntlɪ]
usualmente	usually	['juːʒəlɪ]

a propósito, …	by the way, …	[baɪ ðə weɪ]
é possível	possibly	['pɒsəblɪ]
provavelmente	probably	['prɒbəblɪ]
talvez	maybe	['meɪbiː]
além disso, …	besides …	[bɪ'saɪdz]
por isso …	that's why …	[ðæts waɪ]
apesar de …	in spite of …	[ɪn 'spaɪt əv]
graças a …	thanks to …	['θæŋks tuː]

que (pron.)	what	[wɒt]
que (conj.)	that	[ðæt]
algo	something	['sʌmθɪŋ]
alguma coisa	anything, something	['enɪθɪŋ], ['sʌmθɪŋ]
nada	nothing	['nʌθɪŋ]

quem	who	[huː]
alguém (~ teve uma ideia …)	someone	['sʌmwʌn]
alguém	somebody	['sʌmbədɪ]

ninguém	nobody	['nəʊbədɪ]
para lugar nenhum	nowhere	['nəʊweə(r)]
de ninguém	nobody's	['nəʊbədɪz]
de alguém	somebody's	['sʌmbədɪz]

tão	so	[səʊ]
também (gostaria ~ de …)	also	['ɔːlsəʊ]
também (~ eu)	too	[tuː]

6. Palavras funcionais. Advérbios. Parte 2

Porquê?	Why?	[waɪ]
por alguma razão	for some reason	[fɔː 'sʌm ˌriːzən]
porque …	because …	[bɪ'kɒz]

e (tu ~ eu)	and	[ænd]
ou (ser ~ não ser)	or	[ɔː(r)]
mas (porém)	but	[bʌt]
para (~ a minha mãe)	for	[fɔːr]

demasiado, muito	too	[tuː]
só, somente	only	['əʊnlɪ]
exatamente	exactly	[ɪg'zæktlɪ]
cerca de (~ 10 kg)	about	[ə'baʊt]
aproximadamente	approximately	[ə'prɒksɪmətlɪ]
aproximado	approximate	[ə'prɒksɪmət]
quase	almost	['ɔːlməʊst]

resto (m)	the rest	[ðə rest]

o outro (segundo)	the other	[ðə ʌðə(r)]
outro	other	['ʌðə(r)]
cada	each	[iːʧ]
qualquer	any	['enɪ]
muitos, muitas	many	['menɪ]
muito	much	[mʌʧ]
muitas pessoas	many people	[ˌmenɪ 'piːpəl]
todos	all	[ɔːl]

em troca de …	in return for …	[ɪn rɪ'tɜːn fɔː]
em troca	in exchange	[ɪn ɪks'ʧeɪndʒ]
à mão	by hand	[baɪ hænd]
pouco provável	hardly	['hɑːdlɪ]

provavelmente	probably	['prɒbəblɪ]
de propósito	on purpose	[ɒn 'pɜːpəs]
por acidente	by accident	[baɪ 'æksɪdənt]

muito	very	['verɪ]
por exemplo	for example	[fɔːr ɪg'zɑːmpəl]
entre	between	[bɪ'twiːn]
entre (no meio de)	among	[ə'mʌŋ]
tanto	so much	[səu mʌʧ]
especialmente	especially	[ɪ'speʃəlɪ]

NÚMEROS. DIVERSOS

7. Números cardinais. Parte 1

zero	zero	['zɪərəʊ]
um	one	[wʌn]
dois	two	[tu:]
três	three	[θri:]
quatro	four	[fɔ:(r)]

cinco	five	[faɪv]
seis	six	[sɪks]
sete	seven	['sevən]
oito	eight	[eɪt]
nove	nine	[naɪn]

dez	ten	[ten]
onze	eleven	[ɪ'levən]
doze	twelve	[twelv]
treze	thirteen	[ˌθɜ:'ti:n]
catorze	fourteen	[ˌfɔ:'ti:n]

quinze	fifteen	[fɪf'ti:n]
dezasseis	sixteen	[sɪks'ti:n]
dezassete	seventeen	[ˌsevən'ti:n]
dezoito	eighteen	[ˌeɪ'ti:n]
dezanove	nineteen	[ˌnaɪn'ti:n]

vinte	twenty	['twentɪ]
vinte e um	twenty-one	['twentɪ ˌwʌn]
vinte e dois	twenty-two	['twentɪ ˌtu:]
vinte e três	twenty-three	['twentɪ ˌθri:]

trinta	thirty	['θɜ:tɪ]
trinta e um	thirty-one	['θɜ:tɪ ˌwʌn]
trinta e dois	thirty-two	['θɜ:tɪ ˌtu:]
trinta e três	thirty-three	['θɜ:tɪ ˌθri:]

quarenta	forty	['fɔ:tɪ]
quarenta e um	forty-one	['fɔ:tɪˌwʌn]
quarenta e dois	forty-two	['fɔ:tɪˌtu:]
quarenta e três	forty-three	['fɔ:tɪˌθri:]

cinquenta	fifty	['fɪftɪ]
cinquenta e um	fifty-one	['fɪftɪ ˌwʌn]
cinquenta e dois	fifty-two	['fɪftɪ ˌtu:]
cinquenta e três	fifty-three	['fɪftɪ ˌθri:]

sessenta	sixty	['sɪkstɪ]
sessenta e um	sixty-one	['sɪkstɪ ˌwʌn]

| sessenta e dois | sixty-two | ['sɪkstɪ ˌtu:] |
| sessenta e três | sixty-three | ['sɪkstɪ ˌθri:] |

setenta	seventy	['sevəntɪ]
setenta e um	seventy-one	['sevəntɪ ˌwʌn]
setenta e dois	seventy-two	['sevəntɪ ˌtu:]
setenta e três	seventy-three	['sevəntɪ ˌθri:]

oitenta	eighty	['eɪtɪ]
oitenta e um	eighty-one	['eɪtɪ ˌwʌn]
oitenta e dois	eighty-two	['eɪtɪ ˌtu:]
oitenta e três	eighty-three	['eɪtɪ ˌθri:]

noventa	ninety	['naɪntɪ]
noventa e um	ninety-one	['naɪntɪ ˌwʌn]
noventa e dois	ninety-two	['naɪntɪ ˌtu:]
noventa e três	ninety-three	['naɪntɪ ˌθri:]

8. Números cardinais. Parte 2

cem	one hundred	[ˌwʌn 'hʌndrəd]
duzentos	two hundred	[tu 'hʌndrəd]
trezentos	three hundred	[θri: 'hʌndrəd]
quatrocentos	four hundred	[ˌfɔː 'hʌndrəd]
quinhentos	five hundred	[ˌfaɪv 'hʌndrəd]

seiscentos	six hundred	[sɪks 'hʌndrəd]
setecentos	seven hundred	['sevən 'hʌndrəd]
oitocentos	eight hundred	[eɪt 'hʌndrəd]
novecentos	nine hundred	[ˌnaɪn 'hʌndrəd]

mil	one thousand	[ˌwʌn 'θaʊzənd]
dois mil	two thousand	[tu 'θaʊzənd]
De quem são ...?	three thousand	[θri: 'θaʊzənd]
dez mil	ten thousand	[ten 'θaʊzənd]
cem mil	one hundred thousand	[ˌwʌn 'hʌndrəd 'θaʊzənd]
um milhão	million	['mɪljən]
mil milhões	billion	['bɪljən]

9. Números ordinais

primeiro	first	[fɜːst]
segundo	second	['sekənd]
terceiro	third	[θɜːd]
quarto	fourth	[fɔːθ]
quinto	fifth	[fɪfθ]

sexto	sixth	[sɪksθ]
sétimo	seventh	['sevənθ]
oitavo	eighth	[eɪtθ]
nono	ninth	[naɪnθ]
décimo	tenth	[tenθ]

CORES. UNIDADES DE MEDIDA

10. Cores

cor (f)	color	['kʌlə(r)]
matiz (m)	shade	[ʃeɪd]
tom (m)	hue	[hju:]
arco-íris (m)	rainbow	['reɪnbəʊ]
branco	white	[waɪt]
preto	black	[blæk]
cinzento	gray	[greɪ]
verde	green	[gri:n]
amarelo	yellow	['jeləʊ]
vermelho	red	[red]
azul	blue	[blu:]
azul claro	light blue	[ˌlaɪt 'blu:]
rosa	pink	[pɪŋk]
laranja	orange	['ɒrɪndʒ]
violeta	violet	['vaɪələt]
castanho	brown	[braʊn]
dourado	golden	['gəʊldən]
prateado	silvery	['sɪlvərɪ]
bege	beige	[beɪʒ]
creme	cream	[kri:m]
turquesa	turquoise	['tɜːkwɔɪz]
vermelho cereja	cherry red	['tʃerɪ red]
lilás	lilac	['laɪlək]
carmesim	crimson	['krɪmzən]
claro	light	[laɪt]
escuro	dark	[dɑːk]
vivo	bright	[braɪt]
de cor	colored	['kʌləd]
a cores	color	['kʌlə(r)]
preto e branco	black-and-white	[blæk ən waɪt]
unicolor	plain, one-colored	[pleɪn], [ˌwʌn'kʌləd]
multicor	multicolored	['mʌltɪˌkʌləd]

11. Unidades de medida

peso (m)	weight	[weɪt]
comprimento (m)	length	[leŋθ]

largura (f)	width	[wɪdθ]
altura (f)	height	[haɪt]
profundidade (f)	depth	[depθ]
volume (m)	volume	['vɒljuːm]
área (f)	area	['eərɪə]

grama (m)	gram	[græm]
miligrama (m)	milligram	['mɪlɪgræm]
quilograma (m)	kilogram	['kɪlə,græm]
tonelada (f)	ton	[tʌn]
libra (453,6 gramas)	pound	[paʊnd]
onça (f)	ounce	[aʊns]

metro (m)	meter	['miːtə(r)]
milímetro (m)	millimeter	['mɪlɪ,miːtə(r)]
centímetro (m)	centimeter	['sentɪ,miːtə(r)]
quilómetro (m)	kilometer	['kɪlə,miːtə(r)]
milha (f)	mile	[maɪl]

polegada (f)	inch	[ɪntʃ]
pé (304,74 mm)	foot	[fʊt]
jarda (914,383 mm)	yard	[jɑːd]

| metro (m) quadrado | square meter | [skweə 'miːtə(r)] |
| hectare (m) | hectare | ['hekteə(r)] |

litro (m)	liter	['liːtə(r)]
grau (m)	degree	[dɪ'griː]
volt (m)	volt	[vəʊlt]
ampere (m)	ampere	['æmpeə(r)]
cavalo-vapor (m)	horsepower	['hɔːs,paʊə(r)]

quantidade (f)	quantity	['kwɒntɪtɪ]
um pouco de ...	a little bit of ...	[ə 'lɪtəl bɪt əv]
metade (f)	half	[hɑːf]
dúzia (f)	dozen	['dʌzən]
peça (f)	piece	[piːs]

| dimensão (f) | size | [saɪz] |
| escala (f) | scale | [skeɪl] |

mínimo	minimal	['mɪnɪməl]
menor, mais pequeno	the smallest	[ðə 'smɔːləst]
médio	medium	['miːdɪəm]
máximo	maximal	['mæksɪməl]
maior, mais grande	the largest	[ðə 'lɑːdʒɪst]

12. Recipientes

boião (m) de vidro	jar	[dʒɑː(r)]
lata (~ de cerveja)	can	[kæn]
balde (m)	bucket	['bʌkɪt]
barril (m)	barrel	['bærəl]
bacia (~ de plástico)	basin	['beɪsən]

tanque (m)	tank	[tæŋk]
cantil (m) de bolso	hip flask	[hɪp flɑːsk]
bidão (m) de gasolina	jerrycan	[ˈdʒerɪkæn]
cisterna (f)	tank	[tæŋk]
caneca (f)	mug	[mʌg]
chávena (f)	cup	[kʌp]
pires (m)	saucer	[ˈsɔːsə(r)]
copo (m)	glass	[glɑːs]
taça (f) de vinho	glass	[glɑːs]
panela, caçarola (f)	stock pot	[stɒk pɒt]
garrafa (f)	bottle	[ˈbɒtəl]
gargalo (m)	neck	[nek]
jarro, garrafa (f)	carafe	[kəˈræf]
jarro (m) de barro	pitcher	[ˈpɪtʃə(r)]
recipiente (m)	vessel	[ˈvesəl]
pote (m)	pot	[pɒt]
vaso (m)	vase	[veɪz]
frasco (~ de perfume)	bottle	[ˈbɒtəl]
frasquinho (ex. ~ de iodo)	vial, small bottle	[ˈvaɪəl], [smɔːl ˈbɒtəl]
tubo (~ de pasta dentífrica)	tube	[tjuːb]
saca (ex. ~ de açúcar)	sack	[sæk]
saco (~ de plástico)	bag	[bæg]
maço (m)	pack	[pæk]
caixa (~ de sapatos, etc.)	box	[bɒks]
caixa (~ de madeira)	box	[bɒks]
cesta (f)	basket	[ˈbɑːskɪt]

VERBOS PRINCIPAIS

13. Os verbos mais importantes. Parte 1

abrir (vt)	to open (vt)	[tə 'əupən]
acabar, terminar (vt)	to finish (vt)	[tə 'fınıʃ]
aconselhar (vt)	to advise (vt)	[tə əd'vaız]
adivinhar (vt)	to guess (vt)	[tə ges]
advertir (vt)	to warn (vt)	[tə wɔːn]
ajudar (vt)	to help (vt)	[tə help]
almoçar (vi)	to have lunch	[tə hæv lʌntʃ]
alugar (~ um apartamento)	to rent (vt)	[tə rent]
amar (vt)	to love (vt)	[tə lʌv]
ameaçar (vt)	to threaten (vt)	[tə 'θretən]
anotar (escrever)	to write down	[tə ˌraɪt 'daʊn]
apanhar (vt)	to catch (vt)	[tə kætʃ]
apressar-se (vr)	to hurry (vi)	[tə 'hʌrı]
arrepender-se (vr)	to regret (vi)	[tə rɪ'gret]
assinar (vt)	to sign (vt)	[tə saɪn]
atirar, disparar (vi)	to shoot (vi)	[tə ʃuːt]
brincar (vi)	to joke (vi)	[tə dʒəʊk]
brincar, jogar (crianças)	to play (vi)	[tə pleɪ]
buscar (vt)	to look for ...	[tə lʊk fɔː(r)]
caçar (vi)	to hunt (vi, vt)	[tə hʌnt]
cair (vi)	to fall (vi)	[tə fɔːl]
cavar (vt)	to dig (vt)	[tə dɪg]
cessar (vt)	to stop (vt)	[tə stɒp]
chamar (~ por socorro)	to call (vt)	[tə kɔːl]
chegar (vi)	to arrive (vi)	[tə ə'raɪv]
chorar (vi)	to cry (vi)	[tə kraɪ]
começar (vt)	to begin (vt)	[tə bɪ'gɪn]
comparar (vt)	to compare (vt)	[tə kəm'peə(r)]
compreender (vt)	to understand (vt)	[tə ˌʌndə'stænd]
concordar (vi)	to agree (vi)	[tə ə'griː]
confiar (vt)	to trust (vt)	[tə trʌst]
confundir (equivocar-se)	to confuse, to mix up (vt)	[tə kən'fjuːz], [tə mɪks ʌp]
conhecer (vt)	to know (vt)	[tə nəʊ]
contar (fazer contas)	to count (vt)	[tə kaʊnt]
contar com (esperar)	to count on ...	[tə kaʊnt ɒn]
continuar (vt)	to continue (vt)	[tə kən'tɪnjuː]
controlar (vt)	to control (vt)	[tə kən'trəʊl]
convidar (vt)	to invite (vt)	[tə ɪn'vaɪt]
correr (vi)	to run (vi)	[tə rʌn]

| criar (vt) | to create (vt) | [tə kri:'eɪt] |
| custar (vt) | to cost (vt) | [tə kɒst] |

14. Os verbos mais importantes. Parte 2

dar (vt)	to give (vt)	[tə gɪv]
dar uma dica	to give a hint	[tə gɪv ə hɪnt]
decorar (enfeitar)	to decorate (vt)	[tə 'dekəreɪt]
defender (vt)	to defend (vt)	[tə dɪ'fend]
deixar cair (vt)	to drop (vt)	[tə drɒp]

descer (para baixo)	to come down	[tə kʌm daʊn]
desculpar (vt)	to excuse (vt)	[tə ɪk'skju:z]
dirigir (~ uma empresa)	to run, to manage	[tə rʌn], [tə 'mænɪdʒ]
discutir (notícias, etc.)	to discuss (vt)	[tə dɪs'kʌs]
dizer (vt)	to say (vt)	[tə seɪ]

duvidar (vt)	to doubt (vi)	[tə daʊt]
enganar (vt)	to deceive (vi, vt)	[tə dɪ'si:v]
entrar (na sala, etc.)	to enter (vt)	[tə 'entə(r)]
enviar (uma carta)	to send (vt)	[tə send]

errar (equivocar-se)	to make a mistake	[tə meɪk ə mɪ'steɪk]
escolher (vt)	to choose (vt)	[tə tʃu:z]
esconder (vt)	to hide (vt)	[tə haɪd]
escrever (vt)	to write (vt)	[tə raɪt]
esperar (o autocarro, etc.)	to wait (vt)	[tə weɪt]

esperar (ter esperança)	to hope (vi, vt)	[tə həʊp]
esquecer (vt)	to forget (vi, vt)	[tə fə'get]
estudar (vt)	to study (vt)	[tə 'stʌdɪ]

| exigir (vt) | to demand (vt) | [tə dɪ'mɑ:nd] |
| existir (vi) | to exist (vi) | [tə ɪg'zɪst] |

explicar (vt)	to explain (vt)	[tə ɪk'spleɪn]
falar (vi)	to speak (vi, vt)	[tə spi:k]
faltar (clases, etc.)	to miss (vt)	[tə mɪs]
fazer (vt)	to do (vt)	[tə du:]

| ficar em silêncio | to keep silent | [tə ki:p 'saɪlənt] |
| gabar-se, jactar-se (vr) | to boast (vi) | [tə bəʊst] |

| gostar (apreciar) | to like (vt) | [tə laɪk] |
| gritar (vi) | to shout (vi) | [tə ʃaʊt] |

| guardar (cartas, etc.) | to keep (vt) | [tə ki:p] |
| informar (vt) | to inform (vt) | [tə ɪn'fɔ:m] |

insultar (vt)	to insult (vt)	[tə ɪn'sʌlt]
interessar-se (vr)	to be interested in ...	[tə bi 'ɪntrestɪd ɪn]
ir (a pé)	to go (vi)	[tə gəʊ]
ir nadar	to go for a swim	[tə gəʊ fɔrə swɪm]
jantar (vi)	to have dinner	[tə hæv 'dɪnə(r)]

15. Os verbos mais importantes. Parte 3

ler (vt)	to read (vi, vt)	[tə riːd]
libertar (cidade, etc.)	to liberate (vt)	[tə 'lɪbəreɪt]
matar (vt)	to kill (vt)	[tə kɪl]
mencionar (vt)	to mention (vt)	[tə 'menʃən]
mostrar (vt)	to show (vt)	[tə ʃəʊ]
mudar (modificar)	to change (vt)	[tə tʃeɪndʒ]
nadar (vi)	to swim (vi)	[tə swɪm]
negar-se a …	to refuse (vi, vt)	[tə rɪ'fjuːz]
objetar (vt)	to object (vi, vt)	[tə əb'dʒekt]
observar (vt)	to observe (vt)	[tə əb'zɜːv]
ordenar (mil.)	to order (vi, vt)	[tə 'ɔːdə(r)]
ouvir (vt)	to hear (vt)	[tə hɪə(r)]
pagar (vt)	to pay (vi, vt)	[tə peɪ]
parar (vi)	to stop (vi)	[tə stɒp]
participar (vi)	to participate (vi)	[tə pɑː'tɪsɪpeɪt]
pedir (comida)	to order (vt)	[tə 'ɔːdə(r)]
pedir (um favor, etc.)	to ask (vt)	[tə ɑːsk]
pegar (tomar)	to take (vt)	[tə teɪk]
pensar (vt)	to think (vi, vt)	[tə θɪŋk]
perceber (ver)	to notice (vt)	[tə 'nəʊtɪs]
perdoar (vt)	to forgive (vt)	[tə fə'gɪv]
perguntar (vt)	to ask (vt)	[tə ɑːsk]
permitir (vt)	to permit (vt)	[tə pə'mɪt]
pertencer a …	to belong to …	[tə bɪ'lɒŋ tuː]
planear (vt)	to plan (vt)	[tə plæn]
poder (vi)	can (v aux)	[kæn]
possuir (vt)	to own (vt)	[tə əʊn]
preferir (vt)	to prefer (vt)	[tə prɪ'fɜː(r)]
preparar (vt)	to cook (vt)	[tə kʊk]
prever (vt)	to expect (vt)	[tə ɪk'spekt]
prometer (vt)	to promise (vt)	[tə 'prɒmɪs]
pronunciar (vt)	to pronounce (vt)	[tə prə'naʊns]
propor (vt)	to propose (vt)	[tə prə'pəʊz]
punir (castigar)	to punish (vt)	[tə 'pʌnɪʃ]

16. Os verbos mais importantes. Parte 4

quebrar (vt)	to break (vt)	[tə breɪk]
queixar-se (vr)	to complain (vi, vt)	[tə kəm'pleɪn]
querer (desejar)	to want (vt)	[tə wɒnt]
recomendar (vt)	to recommend (vt)	[tə ˌrekə'mend]
repetir (dizer outra vez)	to repeat (vt)	[tə rɪ'piːt]
repreender (vt)	to scold (vt)	[tə skəʊld]
reservar (~ um quarto)	to reserve, to book	[tə rɪ'zɜːv], [tə bʊk]

responder (vt)	to answer (vi, vt)	[tə 'ɑːnsə(r)]
rezar, orar (vi)	to pray (vi, vt)	[tə preɪ]
rir (vi)	to laugh (vi)	[tə lɑːf]

roubar (vt)	to steal (vt)	[tə stiːl]
saber (vt)	to know (vt)	[tə nəʊ]
sair (~ de casa)	to go out	[tə gəʊ aʊt]
salvar (vt)	to save, to rescue	[tə seɪv], [tə 'reskjuː]
seguir ...	to follow ...	[tə 'fɒləʊ]

sentar-se (vr)	to sit down (vi)	[tə sɪt daʊn]
ser necessário	to be needed	[tə bi 'niːdɪd]
ser, estar	to be (vi)	[tə biː]
significar (vt)	to mean (vt)	[tə miːn]

sorrir (vi)	to smile (vi)	[tə smaɪl]
subestimar (vt)	to underestimate (vt)	[tə ˌʌndə'restɪmeɪt]
surpreender-se (vr)	to be surprised	[tə bi sə'praɪzd]
tentar (vt)	to try (vt)	[tə traɪ]

ter (vt)	to have (vt)	[tə hæv]
ter fome	to be hungry	[tə bi 'hʌŋgrɪ]
ter medo	to be afraid	[tə bi ə'freɪd]
ter sede	to be thirsty	[tə bi 'θɜːstɪ]

tocar (com as mãos)	to touch (vt)	[tə tʌtʃ]
tomar o pequeno-almoço	to have breakfast	[tə hæv 'brekfəst]
trabalhar (vi)	to work (vi)	[tə wɜːk]
traduzir (vt)	to translate (vt)	[tə træns'leɪt]
unir (vt)	to unite (vt)	[tə juː'naɪt]

vender (vt)	to sell (vt)	[tə sel]
ver (vt)	to see (vt)	[tə siː]
virar (ex. ~ à direita)	to turn (vi)	[tə tɜːn]
voar (vi)	to fly (vi)	[tə flaɪ]

TEMPO. CALENDÁRIO

17. Dias da semana

segunda-feira (f)	Monday	['mʌndɪ]
terça-feira (f)	Tuesday	['tju:zdɪ]
quarta-feira (f)	Wednesday	['wenzdɪ]
quinta-feira (f)	Thursday	['θɜ:zdɪ]
sexta-feira (f)	Friday	['fraɪdɪ]
sábado (m)	Saturday	['sætədɪ]
domingo (m)	Sunday	['sʌndɪ]
hoje	today	[tə'deɪ]
amanhã	tomorrow	[tə'mɒrəʊ]
depois de amanhã	the day after tomorrow	[ðə deɪ 'ɑ:ftə tə'mɒrəʊ]
ontem	yesterday	['jestədɪ]
anteontem	the day before yesterday	[ðə deɪ bɪ'fɔ: 'jestədɪ]
dia (m)	day	[deɪ]
dia (m) de trabalho	working day	['wɜ:kɪŋ deɪ]
feriado (m)	public holiday	['pʌblɪk 'hɒlɪdeɪ]
dia (m) de folga	day off	[ˌdeɪ'ɒf]
fim (m) de semana	weekend	[ˌwi:k'end]
o dia todo	all day long	[ɔ:l 'deɪ ˌlɒŋ]
no dia seguinte	the next day	[ðə nekst deɪ]
há dois dias	two days ago	[tu deɪz ə'gəʊ]
na véspera	the day before	[ðə deɪ bɪ'fɔ:(r)]
diário	daily	['deɪlɪ]
todos os dias	every day	[ˌevrɪ 'deɪ]
semana (f)	week	[wi:k]
na semana passada	last week	[ˌlɑ:st 'wi:k]
na próxima semana	next week	[ˌnekst 'wi:k]
semanal	weekly	['wi:klɪ]
cada semana	every week	[ˌevrɪ 'wi:k]
duas vezes por semana	twice a week	[ˌtwaɪs ə 'wi:k]
cada terça-feira	every Tuesday	['evrɪ 'tju:zdɪ]

18. Horas. Dia e noite

manhã (f)	morning	['mɔ:nɪŋ]
de manhã	in the morning	[ɪn ðə 'mɔ:nɪŋ]
meio-dia (m)	noon, midday	[nu:n], ['mɪddeɪ]
à tarde	in the afternoon	[ɪn ðə ˌɑ:ftə'nu:n]
noite (f)	evening	['i:vnɪŋ]
à noite (noitinha)	in the evening	[ɪn ðɪ 'i:vnɪŋ]

noite (f)	night	[naɪt]
à noite	at night	[ət naɪt]
meia-noite (f)	midnight	['mɪdnaɪt]

segundo (m)	second	['sekənd]
minuto (m)	minute	['mɪnɪt]
hora (f)	hour	['aʊə(r)]
meia hora (f)	half an hour	[ˌhɑːf ən 'aʊə(r)]
quarto (m) de hora	a quarter-hour	[ə 'kwɔːtər'aʊə(r)]
quinze minutos	fifteen minutes	[fɪf'tiːn 'mɪnɪts]
vinte e quatro horas	twenty four hours	['twentɪ fɔːr'aʊəz]

nascer (m) do sol	sunrise	['sʌnraɪz]
amanhecer (m)	dawn	[dɔːn]
madrugada (f)	early morning	['ɜːlɪ 'mɔːnɪŋ]
pôr do sol (m)	sunset	['sʌnset]

de madrugada	early in the morning	['ɜːlɪ ɪn ðə 'mɔːnɪŋ]
hoje de manhã	this morning	[ðɪs 'mɔːnɪŋ]
amanhã de manhã	tomorrow morning	[tə'mɒrəʊ 'mɔːnɪŋ]

hoje à tarde	this afternoon	[ðɪs ˌɑːftə'nuːn]
à tarde	in the afternoon	[ɪn ðə ˌɑːftə'nuːn]
amanhã à tarde	tomorrow afternoon	[tə'mɒrəʊ ˌɑːftə'nuːn]

hoje à noite	tonight	[tə'naɪt]
amanhã à noite	tomorrow night	[tə'mɒrəʊ naɪt]

às três horas em ponto	at 3 o'clock sharp	[ət θriː ə'klɒk ʃɑːp]
por volta das quatro	about 4 o'clock	[ə'baʊt ˌfɔːrə'klɒk]
às doze	by 12 o'clock	[baɪ twelv ə'klɒk]

dentro de vinte minutos	in 20 minutes	[ɪn 'twentɪ ˌmɪnɪts]
dentro duma hora	in an hour	[ɪn ən 'aʊə(r)]
a tempo	on time	[ɒn 'taɪm]

menos um quarto	a quarter to ...	[ə 'kwɔːtə tə]
durante uma hora	within an hour	[wɪ'ðɪn æn 'aʊə(r)]
a cada quinze minutos	every 15 minutes	['evrɪ fɪf'tiːn 'mɪnɪts]
as vinte e quatro horas	round the clock	['raʊnd ðə ˌklɒk]

19. Meses. Estações

janeiro (m)	January	['dʒænjʊərɪ]
fevereiro (m)	February	['febrʊərɪ]
março (m)	March	[mɑːtʃ]
abril (m)	April	['eɪprəl]
maio (m)	May	[meɪ]
junho (m)	June	[dʒuːn]

julho (m)	July	[dʒuːˈlaɪ]
agosto (m)	August	['ɔːɡəst]
setembro (m)	September	[sep'tembə(r)]
outubro (m)	October	[ɒk'təʊbə(r)]

novembro (m)	November	[nəʊˈvembə(r)]
dezembro (m)	December	[dɪˈsembə(r)]
primavera (f)	spring	[sprɪŋ]
na primavera	in (the) spring	[ɪn (ðə) sprɪŋ]
primaveril	spring	[sprɪŋ]
verão (m)	summer	[ˈsʌmə(r)]
no verão	in (the) summer	[ɪn (ðə) ˈsʌmə(r)]
de verão	summer	[ˈsʌmə(r)]
outono (m)	fall	[fɔ:l]
no outono	in (the) fall	[ɪn (ðə) fɔ:l]
outonal	fall	[fɔ:l]
inverno (m)	winter	[ˈwɪntə(r)]
no inverno	in (the) winter	[ɪn (ðə) ˈwɪntə(r)]
de inverno	winter	[ˈwɪntə(r)]
mês (m)	month	[mʌnθ]
este mês	this month	[ðɪs mʌnθ]
no próximo mês	next month	[ˌnekst ˈmʌnθ]
no mês passado	last month	[ˌlɑ:st ˈmʌnθ]
há um mês	a month ago	[əˌmʌnθ əˈgəʊ]
dentro de um mês	in a month	[ɪn ə ˈmʌnθ]
dentro de dois meses	in two months	[ɪn ˌtu: ˈmʌnθs]
todo o mês	the whole month	[ðə ˌhəʊl ˈmʌnθ]
um mês inteiro	all month long	[ɔ:l ˈmʌnθ ˌlɒŋ]
mensal	monthly	[ˈmʌnθlɪ]
mensalmente	monthly	[ˈmʌnθlɪ]
cada mês	every month	[ˌevrɪ ˈmʌnθ]
duas vezes por mês	twice a month	[ˌtwaɪs ə ˈmʌnθ]
ano (m)	year	[jɪə(r)]
este ano	this year	[ðɪs jɪə(r)]
no próximo ano	next year	[ˌnekst ˈjɪə(r)]
no ano passado	last year	[ˌlɑ:st ˈjɪə(r)]
há um ano	a year ago	[ə jɪərəˈgəʊ]
dentro dum ano	in a year	[ɪn ə ˈjɪə(r)]
dentro de 2 anos	in two years	[ɪn ˌtu: ˈjɪəz]
todo o ano	the whole year	[ðə ˌhəʊl ˈjɪə(r)]
um ano inteiro	all year long	[ɔ:l ˈjɪə ˌlɒŋ]
cada ano	every year	[ˌevrɪ ˈjɪə(r)]
anual	annual	[ˈænjʊəl]
anualmente	annually	[ˈænjʊəlɪ]
quatro vezes por ano	4 times a year	[fɔ: taɪmz əjɪər]
data (~ de hoje)	date	[deɪt]
data (ex. ~ de nascimento)	date	[deɪt]
calendário (m)	calendar	[ˈkælɪndə(r)]
meio ano	half a year	[ˌhɑ:f ə ˈjɪə(r)]
seis meses	six months	[sɪks mʌnθs]
estação (f)	season	[ˈsi:zən]

VIAGENS. HOTEL

20. Viagens

turismo (m)	tourism, travel	['tʊərɪzəm], ['trævəl]
turista (m)	tourist	['tʊərɪst]
viagem (f)	trip	[trɪp]
aventura (f)	adventure	[əd'ventʃə(r)]
viagem (f)	trip, journey	[trɪp], ['dʒɜ:nɪ]
férias (f pl)	vacation	[və'keɪʃən]
estar de férias	to be on vacation	[tə bi ɒn və'keɪʃən]
descanso (m)	rest	[rest]
comboio (m)	train	[treɪn]
de comboio (chegar ~)	by train	[baɪ treɪn]
avião (m)	airplane	['eəpleɪn]
de avião	by airplane	[baɪ 'eəpleɪn]
de carro	by car	[baɪ kɑ:(r)]
de navio	by ship	[baɪ ʃɪp]
bagagem (f)	luggage	['lʌgɪdʒ]
mala (f)	suitcase	['su:tkeɪs]
carrinho (m)	luggage cart	['lʌgɪdʒ kɑ:t]
passaporte (m)	passport	['pɑ:spɔ:t]
visto (m)	visa	['vi:zə]
bilhete (m)	ticket	['tɪkɪt]
bilhete (m) de avião	air ticket	['eə 'tɪkɪt]
guia (m) de viagem	guidebook	['gaɪdbʊk]
mapa (m)	map	[mæp]
local (m), area (f)	area	['eərɪə]
lugar, sítio (m)	place, site	[pleɪs], [saɪt]
exotismo (m)	exotica	[ɪg'zɒtɪkə]
exótico	exotic	[ɪg'zɒtɪk]
surpreendente	amazing	[ə'meɪzɪŋ]
grupo (m)	group	[gru:p]
excursão (f)	excursion	[ɪk'skɜ:ʃən]
guia (m)	guide	[gaɪd]

21. Hotel

hotel (m)	hotel	[həʊ'tel]
motel (m)	motel	[məʊ'tel]
três estrelas	three-star	[θri: stɑ:(r)]
cinco estrelas	five-star	[ˌfaɪv 'stɑ:(r)]

ficar (~ num hotel)	to stay (vi)	[tə steɪ]
quarto (m)	room	[ruːm]
quarto (m) individual	single room	['sɪŋɡəl ruːm]
quarto (m) duplo	double room	['dʌbəl ruːm]
reservar um quarto	to book a room	[tə bʊk ə ruːm]

| meia pensão (f) | half board | [hɑːf bɔːd] |
| pensão (f) completa | full board | [fʊl bɔːd] |

com banheira	with bath	[wɪð bɑːθ]
com duche	with shower	[wɪð 'ʃaʊə(r)]
televisão (m) satélite	satellite television	['sætəlaɪt 'telɪˌvɪʒən]
ar (m) condicionado	air-conditioner	[eə kən'dɪʃənə]
toalha (f)	towel	['taʊəl]
chave (f)	key	[kiː]

administrador (m)	administrator	[əd'mɪnɪstreɪtə(r)]
camareira (f)	chambermaid	['ʧeɪmbəˌmeɪd]
bagageiro (m)	porter, bellboy	['pɔːtə(r)], ['belbɔɪ]
porteiro (m)	doorman	['dɔːmən]

restaurante (m)	restaurant	['restrɒnt]
bar (m)	pub, bar	[pʌb], [bɑː(r)]
pequeno-almoço (m)	breakfast	['brekfəst]
jantar (m)	dinner	['dɪnə(r)]
buffet (m)	buffet	[bə'feɪ]

elevador (m)	elevator	['elɪveɪtə(r)]
NÃO PERTURBE	DO NOT DISTURB	[du nɒt dɪ'stɜːb]
PROIBIDO FUMAR!	NO SMOKING	[nəʊ 'sməʊkɪŋ]

22. Turismo

monumento (m)	monument	['mɒnjumənt]
fortaleza (f)	fortress	['fɔːtrɪs]
palácio (m)	palace	['pælɪs]
castelo (m)	castle	['kɑːsəl]
torre (f)	tower	['taʊə(r)]
mausoléu (m)	mausoleum	[ˌmɔːzə'lɪəm]

arquitetura (f)	architecture	['ɑːkɪtektʃə(r)]
medieval	medieval	[ˌmedɪ'iːvəl]
antigo	ancient	['eɪnʃənt]
nacional	national	['næʃənəl]
conhecido	famous	['feɪməs]

turista (m)	tourist	['tʊərɪst]
guia (pessoa)	guide	[ɡaɪd]
excursão (f)	excursion	[ɪk'skɜːʃən]
mostrar (vt)	to show (vt)	[tə ʃəʊ]
contar (vt)	to tell (vt)	[tə tel]

| encontrar (vt) | to find (vt) | [tə faɪnd] |
| perder-se (vr) | to get lost | [tə ɡet lɒst] |

| mapa (~ do metrô) | map | [mæp] |
| mapa (~ da cidade) | map | [mæp] |

lembrança (f), presente (m)	souvenir, gift	[ˌsuːvə'nɪə], [gɪft]
loja (f) de presentes	gift shop	['gɪftˌʃɒp]
fotografar (vt)	to take pictures	[tə ˌteɪk 'pɪkʧəz]

TRANSPORTES

23. Aeroporto

aeroporto (m)	airport	['eəpɔːt]
avião (m)	airplane	['eəpleɪn]
companhia (f) aérea	airline	['eəlaɪn]
controlador (m) de tráfego aéreo	air traffic controller	['eə 'træfɪk kən'trəʊlə]
partida (f)	departure	[dɪ'pɑːʧə(r)]
chegada (f)	arrival	[ə'raɪvəl]
chegar (~ de avião)	to arrive (vi)	[tə ə'raɪv]
hora (f) de partida	departure time	[dɪ'pɑːʧə ˌtaɪm]
hora (f) de chegada	arrival time	[ə'raɪvəl taɪm]
estar atrasado	to be delayed	[tə bi dɪ'leɪd]
atraso (m) de voo	flight delay	[flaɪt dɪ'leɪ]
painel (m) de informação	information board	[ˌɪnfə'meɪʃən bɔːd]
informação (f)	information	[ˌɪnfə'meɪʃən]
anunciar (vt)	to announce (vt)	[tə ə'naʊns]
voo (m)	flight	[flaɪt]
alfândega (f)	customs	['kʌstəmz]
funcionário (m) da alfândega	customs officer	['kʌstəmz 'ɒfɪsə(r)]
declaração (f) alfandegária	customs declaration	['kʌstəmz ˌdeklə'reɪʃən]
preencher (vt)	to fill out (vt)	[tə fɪl 'aʊt]
preencher a declaração	to fill out the declaration	[tə fɪl 'aʊt ðə ˌdeklə'reɪʃən]
controlo (m) de passaportes	passport control	['pɑːspɔːt kən'trəʊl]
bagagem (f)	luggage	['lʌgɪʤ]
bagagem (f) de mão	hand luggage	['hændˌlʌgɪʤ]
carrinho (m)	luggage cart	['lʌgɪʤ kɑːt]
aterragem (f)	landing	['lændɪŋ]
pista (f) de aterragem	landing strip	['lændɪŋ strɪp]
aterrar (vi)	to land (vi)	[tə lænd]
escada (f) de avião	airstairs	[eə'steəz]
check-in (m)	check-in	['ʧek ɪn]
balcão (m) do check-in	check-in counter	[ʧek-'ɪn 'kaʊntə(r)]
fazer o check-in	to check-in (vi)	[tə ʧek ɪn]
cartão (m) de embarque	boarding pass	['bɔːdɪŋ pɑːs]
porta (f) de embarque	departure gate	[dɪ'pɑːʧə ˌgeɪt]
trânsito (m)	transit	['trænsɪt]
esperar (vi, vt)	to wait (vt)	[tə weɪt]
sala (f) de espera	departure lounge	[dɪ'pɑːʧə laʊndʒ]

24. Avião

avião (m)	airplane	['eəpleɪn]
bilhete (m) de avião	air ticket	['eə 'tɪkɪt]
companhia (f) aérea	airline	['eəlaɪn]
aeroporto (m)	airport	['eəpɔ:t]
supersónico	supersonic	[ˌsu:pə'sɒnɪk]
comandante (m) do avião	captain	['kæptɪn]
tripulação (f)	crew	[kru:]
piloto (m)	pilot	['paɪlət]
hospedeira (f) de bordo	flight attendant	[ˌflaɪt ə'tendənt]
copiloto (m)	navigator	['nævɪɡeɪtə(r)]
asas (f pl)	wings	[wɪŋz]
cauda (f)	tail	[teɪl]
cabine (f) de pilotagem	cockpit	['kɒkpɪt]
motor (m)	engine	['endʒɪn]
trem (m) de aterragem	landing gear	['lændɪŋ ɡɪə(r)]
turbina (f)	turbine	['tɜ:baɪn]
hélice (f)	propeller	[prə'pelə(r)]
caixa-preta (f)	black box	[blæk bɒks]
coluna (f) de controlo	yoke, control column	[jəʊk], [kən'trəʊl 'kɒləm]
combustível (m)	fuel	[fjʊəl]
instruções (f pl) de segurança	safety card	['seɪftɪ kɑ:d]
máscara (f) de oxigénio	oxygen mask	['ɒksɪdʒən mɑ:sk]
uniforme (m)	uniform	['junɪfɔ:m]
colete (m) salva-vidas	life vest	['laɪf vest]
paraquedas (m)	parachute	['pærəʃu:t]
descolagem (f)	takeoff	[teɪkɒf]
descolar (vi)	to take off (vi)	[tə teɪk ɒf]
pista (f) de descolagem	runway	['rʌnˌweɪ]
visibilidade (f)	visibility	[ˌvɪzɪ'bɪlɪtɪ]
voo (m)	flight	[flaɪt]
altura (f)	altitude	['æltɪtju:d]
poço (m) de ar	air pocket	[eə 'pɒkɪt]
assento (m)	seat	[si:t]
auscultadores (m pl)	headphones	['hedfəʊnz]
mesa (f) rebatível	folding tray	['fəʊldɪŋ treɪ]
vigia (f)	window	['wɪndəʊ]
passagem (f)	aisle	[aɪl]

25. Comboio

comboio (m)	train	[treɪn]
comboio (m) suburbano	commuter train	[kə'mju:tə(r) treɪn]
comboio (m) rápido	express train	[ɪk'spres treɪn]
locomotiva (f) diesel	diesel locomotive	['di:zəl ˌləʊkə'məʊtɪv]

locomotiva (f) a vapor	steam locomotive	[sti:m ˌləʊkə'məʊtɪv]
carruagem (f)	passenger car	['pæsɪndʒə kɑ:(r)]
carruagem restaurante (f)	dining car	['daɪnɪŋ kɑ:]
carris (m pl)	rails	[reɪlz]
caminho de ferro (m)	railroad	['reɪlrəʊd]
travessa (f)	railway tie	['reɪlweɪ taɪ]
plataforma (f)	platform	['plætfɔ:m]
linha (f)	track	[træk]
semáforo (m)	semaphore	['seməfɔ:(r)]
estação (f)	station	['steɪʃən]
maquinista (m)	engineer	[ˌendʒɪ'nɪə(r)]
bagageiro (m)	porter	['pɔ:tə(r)]
hospedeiro, -a (da carruagem)	car attendant	[kɑ:(r) ə'tendənt]
passageiro (m)	passenger	['pæsɪndʒə(r)]
revisor (m)	conductor	[kən'dʌktə(r)]
corredor (m)	corridor	['kɒrɪˌdɔ:(r)]
freio (m) de emergência	emergency brake	[ɪ'mɜ:dʒənsɪ breɪk]
compartimento (m)	compartment	[kəm'pɑ:tmənt]
cama (f)	berth	[bɜ:θ]
cama (f) de cima	upper berth	['ʌpə bɜ:θ]
cama (f) de baixo	lower berth	['ləʊə 'bɜ:θ]
roupa (f) de cama	bed linen, bedding	[bed 'lɪnɪn], ['bedɪŋ]
bilhete (m)	ticket	['tɪkɪt]
horário (m)	schedule	['skedʒʊl]
painel (m) de informação	information display	[ˌɪnfə'meɪʃən dɪ'spleɪ]
partir (vt)	to leave, to depart	[tə li:v], [tə dɪ'pɑ:t]
partida (f)	departure	[dɪ'pɑ:tʃə(r)]
chegar (vi)	to arrive (vi)	[tə ə'raɪv]
chegada (f)	arrival	[ə'raɪvəl]
chegar de comboio	to arrive by train	[tə ə'raɪv baɪ treɪn]
apanhar o comboio	to get on the train	[tə ˌget ɒn ðə 'treɪn]
sair do comboio	to get off the train	[tə ˌget əv ðə 'treɪn]
acidente (m) ferroviário	train wreck	[treɪn rek]
descarrilar (vi)	to derail (vi)	[tə dɪ'reɪl]
locomotiva (f) a vapor	steam locomotive	[sti:m ˌləʊkə'məʊtɪv]
fogueiro (m)	stoker, fireman	['stəʊkə], ['faɪəmən]
fornalha (f)	firebox	['faɪəbɒks]
carvão (m)	coal	[kəʊl]

26. Barco

navio (m)	ship	[ʃɪp]
embarcação (f)	vessel	['vesəl]

vapor (m)	steamship	['sti:mʃɪp]
navio (m)	riverboat	['rɪvəˌbəʊt]
transatlântico (m)	cruise ship	[kru:z ʃɪp]
cruzador (m)	cruiser	['kru:zə(r)]
iate (m)	yacht	[jɒt]
rebocador (m)	tugboat	['tʌgbəʊt]
barcaça (f)	barge	[bɑ:dʒ]
ferry (m)	ferry	['ferɪ]
veleiro (m)	sailing ship	['seɪlɪŋ ʃɪp]
bergantim (m)	brigantine	['brɪgənti:n]
quebra-gelo (m)	ice breaker	['aɪsˌbreɪkə(r)]
submarino (m)	submarine	[ˌsʌbmə'ri:n]
bote, barco (m)	boat	[bəʊt]
bote, dingue (m)	dinghy	['dɪŋgɪ]
bote (m) salva-vidas	lifeboat	['laɪfbəʊt]
lancha (f)	motorboat	['məʊtəbəʊt]
capitão (m)	captain	['kæptɪn]
marinheiro (m)	seaman	['si:mən]
marujo (m)	sailor	['seɪlə(r)]
tripulação (f)	crew	[kru:]
contramestre (m)	boatswain	['bəʊsən]
grumete (m)	ship's boy	[ʃɪps bɔɪ]
cozinheiro (m) de bordo	cook	[kʊk]
médico (m) de bordo	ship's doctor	[ʃɪps 'dɒktə(r)]
convés (m)	deck	[dek]
mastro (m)	mast	[mɑ:st]
vela (f)	sail	[seɪl]
porão (m)	hold	[həʊld]
proa (f)	bow	[baʊ]
popa (f)	stern	[stɜ:n]
remo (m)	oar	[ɔ:(r)]
hélice (f)	propeller	[prə'pelə(r)]
camarote (m)	cabin	['kæbɪn]
sala (f) dos oficiais	wardroom	['wɔ:drʊm]
sala (f) das máquinas	engine room	['endʒɪn ˌru:m]
ponte (m) de comando	bridge	[brɪdʒ]
sala (f) de comunicações	radio room	['reɪdɪəʊ rʊm]
onda (f) de rádio	wave	[weɪv]
diário (m) de bordo	logbook	['lɒgbʊk]
luneta (f)	spyglass	['spaɪglɑ:s]
sino (m)	bell	[bel]
bandeira (f)	flag	[flæg]
cabo (m)	hawser	['hɔ:zə(r)]
nó (m)	knot	[nɒt]
corrimão (m)	deckrails	['dekreɪlz]

prancha (f) de embarque   **gangway**   ['gæŋweɪ]
âncora (f)   **anchor**   ['æŋkə(r)]
recolher a âncora   **to weigh anchor**   [tə weɪ 'æŋkə(r)]
lançar a âncora   **to drop anchor**   [tə drɒp 'æŋkə(r)]
amarra (f)   **anchor chain**   ['æŋkə ˌʧeɪn]

porto (m)   **port**   [pɔːt]
cais, amarradouro (m)   **quay, wharf**   [kiː], [wɔːf]
atracar (vi)   **to berth, to moor**   [tə bɜːθ], [tə mɔː(r)]
desatracar (vi)   **to cast off**   [tə kɑːst ɒf]

viagem (f)   **trip**   [trɪp]
cruzeiro (m)   **cruise**   [kruːz]
rumo (m), rota (f)   **course**   [kɔːs]
itinerário (m)   **route**   [raʊt]

canal (m) navegável   **fairway**   ['feəweɪ]
banco (m) de areia   **shallows**   ['ʃæləʊz]
encalhar (vt)   **to run aground**   [tə rʌn ə'graʊnd]

tempestade (f)   **storm**   [stɔːm]
sinal (m)   **signal**   ['sɪgnəl]
afundar-se (vr)   **to sink** (vi)   [tə sɪŋk]
Homem ao mar!   **Man overboard!**   [ˌmæn 'əʊvəbɔːd]
SOS   **SOS**   [ˌesəʊ'es]
boia (f) salva-vidas   **ring buoy**   [rɪŋ bɔɪ]

CIDADE

27. Transportes urbanos

autocarro (m)	bus	[bʌs]
elétrico (m)	streetcar	['striːtkɑː(r)]
troleicarro (m)	trolley bus	['trɒlɪbʌs]
itinerário (m)	route	[raʊt]
número (m)	number	['nʌmbə(r)]
ir de … (carro, etc.)	to go by …	[tə gəʊ baɪ]
entrar (~ no autocarro)	to get on	[tə get ɒn]
descer de …	to get off …	[tə get ɒf]
paragem (f)	stop	[stɒp]
próxima paragem (f)	next stop	[ˌnekst 'stɒp]
ponto (m) final	terminus	['tɜːmɪnəs]
horário (m)	schedule	['skedʒʊl]
esperar (vt)	to wait (vt)	[tə weɪt]
bilhete (m)	ticket	['tɪkɪt]
custo (m) do bilhete	fare	[feə(r)]
bilheteiro (m)	cashier	[kæ'ʃɪə(r)]
controlo (m) dos bilhetes	ticket inspection	['tɪkɪt ɪn'spekʃən]
revisor (m)	ticket inspector	['tɪkɪt ɪn'spektə(r)]
atrasar-se (vr)	to be late	[tə bi 'leɪt]
estar com pressa	to be in a hurry	[tə bi ɪn ə 'hʌrɪ]
táxi (m)	taxi, cab	['tæksɪ], [kæb]
taxista (m)	taxi driver	['tæksɪ 'draɪvə(r)]
de táxi (ir ~)	by taxi	[baɪ 'tæksɪ]
praça (f) de táxis	taxi stand	['tæksɪ stænd]
chamar um táxi	to call a taxi	[tə kɔːl ə 'tæksɪ]
apanhar um táxi	to take a taxi	[tə ˌteɪk ə 'tæksɪ]
tráfego (m)	traffic	['træfɪk]
engarrafamento (m)	traffic jam	['træfɪk dʒæm]
horas (f pl) de ponta	rush hour	['rʌʃ ˌaʊə(r)]
estacionar (vi)	to park (vi)	[tə pɑːk]
estacionar (vt)	to park (vt)	[tə pɑːk]
parque (m) de estacionamento	parking lot	['pɑːkɪŋ lɒt]
metro (m)	subway	['sʌbweɪ]
estação (f)	station	['steɪʃən]
ir de metro	to take the subway	[tə ˌteɪk ðə 'sʌbweɪ]
comboio (m)	train	[treɪn]
estação (f)	train station	[treɪn 'steɪʃən]

28. Cidade. Vida na cidade

cidade (f)	city, town	['sɪtɪ], [taʊn]
capital (f)	capital	['kæpɪtəl]
aldeia (f)	village	['vɪlɪʤ]
mapa (m) da cidade	city map	['sɪtɪˌmæp]
centro (m) da cidade	downtown	['daʊnˌtaʊn]
subúrbio (m)	suburb	['sʌbɜːb]
suburbano	suburban	[sə'bɜːbən]
periferia (f)	outskirts	['aʊtskɜːts]
arredores (m pl)	environs	[ɪn'vaɪərənz]
quarteirão (m)	city block	['sɪtɪ blɒk]
quarteirão (m) residencial	residential block	[ˌrezɪ'denʃəl blɒk]
tráfego (m)	traffic	['træfɪk]
semáforo (m)	traffic lights	['træfɪk laɪts]
transporte (m) público	public transportation	['pʌblɪk ˌtrænspɔː'teɪʃən]
cruzamento (m)	intersection	[ˌɪntə'sekʃən]
passadeira (f)	crosswalk	['krɒswɔːk]
passagem (f) subterrânea	pedestrian underpass	[pɪ'destrɪən 'ʌndəpɑːs]
cruzar, atravessar (vt)	to cross (vt)	[tə krɒs]
peão (m)	pedestrian	[pɪ'destrɪən]
passeio (m)	sidewalk	['saɪdwɔːk]
ponte (f)	bridge	[brɪʤ]
margem (f) do rio	embankment	[ɪm'bæŋkmənt]
alameda (f)	allée	[ale]
parque (m)	park	[pɑːk]
bulevar (m)	boulevard	['buːləvɑːd]
praça (f)	square	[skweə(r)]
avenida (f)	avenue	['ævənjuː]
rua (f)	street	[striːt]
travessa (f)	side street	[saɪd striːt]
beco (m) sem saída	dead end	[ˌded 'end]
casa (f)	house	[haʊs]
edifício, prédio (m)	building	['bɪldɪŋ]
arranha-céus (m)	skyscraper	['skaɪˌskreɪpə(r)]
fachada (f)	facade	[fə'sɑːd]
telhado (m)	roof	[ruːf]
janela (f)	window	['wɪndəʊ]
arco (m)	arch	[ɑːʧ]
coluna (f)	column	['kɒləm]
esquina (f)	corner	['kɔːnə(r)]
montra (f)	store window	['stɔː ˌwɪndəʊ]
letreiro (m)	signboard	['saɪnbɔːd]
cartaz (m)	poster	['pəʊstə(r)]
cartaz (m) publicitário	advertising poster	['ædvətaɪzɪŋ 'pəʊstə(r)]
painel (m) publicitário	billboard	['bɪlbɔːd]

lixo (m)	garbage, trash	['gɑːbɪdʒ], [træʃ]
cesta (f) do lixo	trash can	['træʃkæn]
jogar lixo na rua	to litter (vi)	[tə 'lɪtə(r)]
aterro (m) sanitário	garbage dump	['gɑːbɪdʒ dʌmp]

cabine (f) telefónica	phone booth	['fəʊn ˌbuːð]
candeeiro (m) de rua	street light	['striːt laɪt]
banco (m)	bench	[bentʃ]

polícia (m)	police officer	[pə'liːs 'ɒfɪsə(r)]
polícia (instituição)	police	[pə'liːs]
mendigo (m)	beggar	['begə(r)]
sem-abrigo (m)	homeless	['həʊmlɪs]

29. Instituições urbanas

loja (f)	store	[stɔː(r)]
farmácia (f)	drugstore, pharmacy	['drʌgstɔː(r)], ['fɑːməsɪ]
ótica (f)	eyeglass store	['aɪglɑːs stɔː(r)]
centro (m) comercial	shopping mall	['ʃɒpɪŋ mɔːl]
supermercado (m)	supermarket	['suːpəˌmɑːkɪt]

padaria (f)	bakery	['beɪkərɪ]
padeiro (m)	baker	['beɪkə(r)]
pastelaria (f)	pastry shop	['peɪstrɪ ʃɒp]
mercearia (f)	grocery store	['grəʊsərɪ stɔː(r)]
talho (m)	butcher shop	['bʊtʃəzʃɒp]

loja (f) de legumes	produce store	['prɒdjuːs stɔː]
mercado (m)	market	['mɑːkɪt]

café (m)	coffee house	['kɒfɪ ˌhaʊs]
restaurante (m)	restaurant	['restrɒnt]
bar (m), cervejaria (f)	pub, bar	[pʌb], [bɑː(r)]
pizzaria (f)	pizzeria	[ˌpiːtsə'rɪə]

salão (m) de cabeleireiro	hair salon	['heə 'sælɒn]
correios (m pl)	post office	[pəʊst 'ɒfɪs]
lavandaria (f)	dry cleaners	[ˌdraɪ 'kliːnəz]
estúdio (m) fotográfico	photo studio	['fəʊtəʊ 'stjuːdɪəʊ]

sapataria (f)	shoe store	['ʃuː stɔː(r)]
livraria (f)	bookstore	['bʊkstɔː(r)]
loja (f) de artigos de desporto	sporting goods store	['spɔːtɪŋ gʊdz stɔː(r)]

reparação (f) de roupa	clothes repair shop	[kləʊðz rɪ'peə(r) ʃɒp]
aluguer (m) de roupa	formal wear rental	['fɔːməl weə 'rentəl]
aluguer (m) de filmes	video rental store	['vɪdɪəʊ 'rentəl stɔː]

circo (m)	circus	['sɜːkəs]
jardim (m) zoológico	zoo	[zuː]
cinema (m)	movie theater	['muːvɪ 'θɪətə(r)]
museu (m)	museum	[mjuː'zɪːəm]
biblioteca (f)	library	['laɪbrərɪ]

teatro (m)	theater	['θɪətə(r)]
ópera (f)	opera	['ɒpərə]
clube (m) noturno	nightclub	[naɪt klʌb]
casino (m)	casino	[kə'si:nəʊ]

mesquita (f)	mosque	[mɒsk]
sinagoga (f)	synagogue	['sɪnəgɒg]
catedral (f)	cathedral	[kə'θi:drəl]
templo (m)	temple	['tempəl]
igreja (f)	church	[ʧɜ:ʧ]

instituto (m)	college	['kɒlɪʤ]
universidade (f)	university	[ˌju:nɪ'vɜ:sətɪ]
escola (f)	school	[sku:l]

prefeitura (f)	prefecture	['pri:fekˌtjʊə(r)]
câmara (f) municipal	city hall	['sɪtɪ ˌhɔ:l]
hotel (m)	hotel	[həʊ'tel]
banco (m)	bank	[bæŋk]

embaixada (f)	embassy	['embəsɪ]
agência (f) de viagens	travel agency	['trævəl 'eɪʤənsɪ]
agência (f) de informações	information office	[ˌɪnfə'meɪʃən 'ɒfɪs]
casa (f) de câmbio	currency exchange	['kʌrənsɪ ɪks'ʧeɪnʤ]

| metro (m) | subway | ['sʌbweɪ] |
| hospital (m) | hospital | ['hɒspɪtəl] |

| posto (m) de gasolina | gas station | [gæs 'steɪʃən] |
| parque (m) de estacionamento | parking lot | ['pɑ:kɪŋ lɒt] |

30. Sinais

letreiro (m)	signboard	['saɪnbɔ:d]
inscrição (f)	notice	['nəʊtɪs]
cartaz, póster (m)	poster	['pəʊstə(r)]
sinal (m) informativo	direction sign	[dɪ'rekʃən saɪn]
seta (f)	arrow	['ærəʊ]

aviso (advertência)	caution	['kɔ:ʃən]
sinal (m) de aviso	warning sign	['wɔ:nɪŋ saɪn]
avisar, advertir (vt)	to warn (vt)	[tə wɔ:n]

dia (m) de folga	rest day	[rest deɪ]
horário (m)	timetable	['taɪmˌteɪbəl]
horário (m) de funcionamento	opening hours	['əʊpənɪŋ ˌaʊəz]

BEM-VINDOS!	WELCOME!	['welkəm]
ENTRADA	ENTRANCE	['entrəns]
SAÍDA	EXIT	['eksɪt]

EMPURRE	PUSH	[pʊʃ]
PUXE	PULL	[pʊl]
ABERTO	OPEN	['əʊpən]

FECHADO	CLOSED	[kləʊzd]
MULHER	WOMEN	['wɪmɪn]
HOMEM	MEN	['men]

DESCONTOS	DISCOUNTS	['dɪskaʊnts]
SALDOS	SALE	[seɪl]
NOVIDADE!	NEW!	[nju:]
GRÁTIS	FREE	[fri:]

ATENÇÃO!	ATTENTION!	[ə'tenʃən]
NÃO HÁ VAGAS	NO VACANCIES	[nəʊ 'veɪkənsɪz]
RESERVADO	RESERVED	[rɪ'zɜ:vd]

| ADMINISTRAÇÃO | ADMINISTRATION | [əd‚mɪnɪ'streɪʃən] |
| SOMENTE PESSOAL AUTORIZADO | STAFF ONLY | [stɑ:f 'əʊnlɪ] |

CUIDADO CÃO FEROZ	BEWARE OF THE DOG!	[bɪ'weə əv ðə ‚dɒg]
PROIBIDO FUMAR!	NO SMOKING	[nəʊ 'sməʊkɪŋ]
NÃO TOCAR	DO NOT TOUCH!	[də nɒt 'tʌtʃ]

PERIGOSO	DANGEROUS	['deɪndʒərəs]
PERIGO	DANGER	['deɪndʒə(r)]
ALTA TENSÃO	HIGH VOLTAGE	[haɪ 'vəʊltɪdʒ]
PROIBIDO NADAR	NO SWIMMING!	[nəʊ 'swɪmɪŋ]
AVARIADO	OUT OF ORDER	[‚aʊt əv 'ɔ:də(r)]

INFLAMÁVEL	FLAMMABLE	['flæməbəl]
PROIBIDO	FORBIDDEN	[fə'bɪdən]
ENTRADA PROIBIDA	NO TRESPASSING!	[nəʊ 'trespəsɪŋ]
CUIDADO TINTA FRESCA	WET PAINT	[wet peɪnt]

31. Compras

comprar (vt)	to buy (vt)	[tə baɪ]
compra (f)	purchase	['pɜ:tʃəs]
fazer compras	to go shopping	[tə gəʊ 'ʃɒpɪŋ]
compras (f pl)	shopping	['ʃɒpɪŋ]

| estar aberta (loja, etc.) | to be open | [tə bi 'əʊpən] |
| estar fechada | to be closed | [tə bi kləʊzd] |

calçado (m)	footwear, shoes	['fʊtweə(r)], [ʃu:z]
roupa (f)	clothes, clothing	[kləʊðz], ['kləʊðɪŋ]
cosméticos (m pl)	cosmetics	[kɒz'metɪks]
alimentos (m pl)	food products	[fu:d 'prɒdʌkts]
presente (m)	gift, present	[gɪft], ['prezənt]

| vendedor (m) | salesman | ['seɪlzmən] |
| vendedora (f) | saleswoman | ['seɪlz‚wʊmən] |

caixa (f)	check out, cash desk	[tʃek aʊt], [kæʃ desk]
espelho (m)	mirror	['mɪrə(r)]
balcão (m)	counter	['kaʊntə(r)]

cabine (f) de provas	fitting room	['fɪtɪŋ ˌrum]
provar (vt)	to try on (vt)	[tə ˌtraɪ 'ɒn]
servir (vi)	to fit (vt)	[tə fɪt]
gostar (apreciar)	to like (vt)	[tə laɪk]

preço (m)	price	[praɪs]
etiqueta (f) de preço	price tag	['praɪs tæg]
custar (vt)	to cost (vt)	[tə kɒst]
Quanto?	How much?	[ˌhaʊ 'mʌtʃ]
desconto (m)	discount	['dɪskaʊnt]

não caro	inexpensive	[ˌɪnɪk'spensɪv]
barato	cheap	[tʃiːp]
caro	expensive	[ɪk'spensɪv]
É caro	It's expensive	[ɪts ɪk'spensɪv]

aluguer (m)	rental	['rentəl]
alugar (vestidos, etc.)	to rent (vt)	[tə rent]
crédito (m)	credit	['kredɪt]
a crédito	on credit	[ɒn 'kredɪt]

VESTUÁRIO & ACESSÓRIOS

32. Roupa exterior. Casacos

roupa (f)	clothes	[kləʊðz]
roupa (f) exterior	outerwear	['aʊtəweə(r)]
roupa (f) de inverno	winter clothing	['wɪntə 'kləʊðɪŋ]
sobretudo (m)	coat, overcoat	[kəʊt], ['əʊvəkəʊt]
casaco (m) de peles	fur coat	['fɜːˌkəʊt]
casaco curto (m) de peles	fur jacket	['fɜː 'dʒækɪt]
casaco (m) acolchoado	down coat	['daʊn ˌkəʊt]
casaco, blusão (m)	jacket	['dʒækɪt]
impermeável (m)	raincoat	['reɪnkəʊt]
impermeável	waterproof	['wɔːtəpruːf]

33. Vestuário de homem & mulher

camisa (f)	shirt	[ʃɜːt]
calças (f pl)	pants	[pænts]
calças (f pl) de ganga	jeans	[dʒiːnz]
casaco (m) de fato	jacket	['dʒækɪt]
fato (m)	suit	[suːt]
vestido (ex. ~ vermelho)	dress	[dres]
saia (f)	skirt	[skɜːt]
blusa (f)	blouse	[blaʊz]
casaco (m) de malha	knitted jacket	['nɪtɪd 'dʒækɪt]
casaco, blazer (m)	jacket	['dʒækɪt]
T-shirt, camiseta (f)	T-shirt	['tiːʃɜːt]
calções (Bermudas, etc.)	shorts	[ʃɔːts]
fato (m) de treino	tracksuit	['træksuːt]
roupão (m) de banho	bathrobe	['bɑːθrəʊb]
pijama (m)	pajamas	[pə'dʒɑːməz]
suéter (m)	sweater	['swetə(r)]
pulôver (m)	pullover	['pʊlˌəʊvə(r)]
colete (m)	vest	[vest]
fraque (m)	tailcoat	[ˌteɪl'kəʊt]
smoking (m)	tuxedo	[tʌk'siːdəʊ]
uniforme (m)	uniform	['juːnɪfɔːm]
roupa (f) de trabalho	workwear	[wɜːkweə(r)]
fato-macaco (m)	overalls	['əʊvərɔːlz]
bata (~ branca, etc.)	coat	[kəʊt]

34. Vestuário. Roupa interior

roupa (f) interior	underwear	['ʌndəweə(r)]
camisola (f) interior	undershirt	['ʌndəʃɜ:t]
peúgas (f pl)	socks	[sɒks]
camisa (f) de noite	nightdress	['naɪtdres]
sutiã (m)	bra	[brɑ:]
meias longas (f pl)	knee highs	['ni: ˌhaɪs]
meia-calça (f)	pantyhose	['pæntɪhəuz]
meias (f pl)	stockings	['stɒkɪŋz]
fato (m) de banho	bathing suit	['beɪðɪŋ su:t]

35. Adereços de cabeça

chapéu (m)	hat	[hæt]
chapéu (m) de feltro	fedora	[fɪ'dɔ:rə]
boné (m) de beisebol	baseball cap	['beɪsbɔ:l kæp]
boné (m)	flatcap	[flæt kæp]
boina (f)	beret	['bereɪ]
capuz (m)	hood	[hʊd]
panamá (m)	panama	['pænəmɑ:]
gorro (m) de malha	knit cap, knitted hat	[nɪt kæp], ['nɪtɪdˌhæt]
lenço (m)	headscarf	['hedskɑ:f]
chapéu (m) de mulher	women's hat	['wɪmɪns hæt]
capacete (m) de proteção	hard hat	[hɑ:d hæt]
bibico (m)	garrison cap	['gærɪsən kæp]
capacete (m)	helmet	['helmɪt]
chapéu-coco (m)	derby	['dɜ:bɪ]
chapéu (m) alto	top hat	[tɒp hæt]

36. Calçado

calçado (m)	footwear	['fʊtweə(r)]
botinas (f pl)	shoes	[ʃu:z]
sapatos (de salto alto, etc.)	shoes	[ʃu:z]
botas (f pl)	boots	[bu:ts]
pantufas (f pl)	slippers	['slɪpəz]
ténis (m pl)	tennis shoes	['tenɪsʃu:z]
sapatilhas (f pl)	sneakers	['sni:kəz]
sandálias (f pl)	sandals	['sændəlz]
sapateiro (m)	cobbler, shoe repairer	['kɒblə(r)], [ʃu: rɪ'peərə(r)]
salto (m)	heel	[hi:l]
par (m)	pair	[peə(r)]
atacador (m)	shoestring	['ʃu:strɪŋ]

43

apertar os atacadores	to lace (vt)	[tə leɪs]
calçadeira (f)	shoehorn	[ˈʃuːhɔːn]
graxa (f) para calçado	shoe polish	[ʃuː ˈpɒlɪʃ]

37. Acessórios pessoais

luvas (f pl)	gloves	[glʌvz]
mitenes (f pl)	mittens	[ˈmɪtənz]
cachecol (m)	scarf	[skɑːf]

óculos (m pl)	glasses	[ˈglɑːsɪz]
armação (f) de óculos	frame	[freɪm]
guarda-chuva (m)	umbrella	[ʌmˈbrelə]
bengala (f)	walking stick	[ˈwɔːkɪŋ stɪk]
escova (f) para o cabelo	hairbrush	[ˈheəbrʌʃ]
leque (m)	fan	[fæn]

gravata (f)	tie	[taɪ]
gravata-borboleta (f)	bow tie	[bəʊ taɪ]
suspensórios (m pl)	suspenders	[səˈspendəz]
lenço (m)	handkerchief	[ˈhæŋkətʃɪf]

pente (m)	comb	[kəʊm]
travessão (m)	barrette	[bəˈret]
gancho (m) de cabelo	hairpin	[ˈheəpɪn]
fivela (f)	buckle	[ˈbʌkəl]

| cinto (m) | belt | [belt] |
| correia (f) | shoulder strap | [ˈʃəʊldə stræp] |

mala (f)	bag	[bæg]
mala (f) de senhora	purse	[pɜːs]
mochila (f)	backpack	[ˈbækpæk]

38. Vestuário. Diversos

moda (f)	fashion	[ˈfæʃən]
na moda	in vogue	[ɪn vəʊg]
estilista (m)	fashion designer	[ˈfæʃən dɪˈzaɪnə(r)]

colarinho (m), gola (f)	collar	[ˈkɒlə(r)]
bolso (m)	pocket	[ˈpɒkɪt]
de bolso	pocket	[ˈpɒkɪt]
manga (f)	sleeve	[sliːv]
alcinha (f)	hanging loop	[ˈhæŋɪŋ luːp]
braguilha (f)	fly	[flaɪ]

fecho (m) de correr	zipper	[ˈzɪpə(r)]
fecho (m), colchete (m)	fastener	[ˈfɑːsənə(r)]
botão (m)	button	[ˈbʌtən]
casa (f) de botão	buttonhole	[ˈbʌtənhəʊl]
soltar-se (vr)	to come off	[tə kʌm ɒf]

44

coser, costurar (vi)	to sew (vi, vt)	[tə səʊ]
bordar (vt)	to embroider (vi, vt)	[tə ɪm'brɔɪdə(r)]
bordado (m)	embroidery	[ɪm'brɔɪdərɪ]
agulha (f)	sewing needle	['səʊɪŋ 'niːdəl]
fio (m)	thread	[θred]
costura (f)	seam	[siːm]

sujar-se (vr)	to get dirty (vi)	[tə get 'dɜːtɪ]
mancha (f)	stain	[steɪn]
engelhar-se (vr)	to crease, crumple (vi)	[tə kriːs], ['krʌmpəl]
rasgar (vt)	to tear, to rip (vt)	[tə teər], [tə rɪp]
traça (f)	clothes moth	[kləʊðz mɒθ]

39. Cuidados pessoais. Cosméticos

pasta (f) de dentes	toothpaste	['tuːθpeɪst]
escova (f) de dentes	toothbrush	['tuːθbrʌʃ]
escovar os dentes	to brush one's teeth	[tə brʌʃ wʌns 'tiːθ]

máquina (f) de barbear	razor	['reɪzə(r)]
creme (m) de barbear	shaving cream	['ʃeɪvɪŋ ˌkriːm]
barbear-se (vr)	to shave (vi)	[tə ʃeɪv]

sabonete (m)	soap	[səʊp]
champô (m)	shampoo	[ʃæm'puː]

tesoura (f)	scissors	['sɪzəz]
lima (f) de unhas	nail file	['neɪl ˌfaɪl]
corta-unhas (m)	nail clippers	[neɪl 'klɪpərz]
pinça (f)	tweezers	['twiːzəz]

cosméticos (m pl)	cosmetics	[kɒz'metɪks]
máscara (f) facial	facial mask	['feɪʃəl mɑːsk]
manicura (f)	manicure	['mænɪˌkjʊə(r)]
fazer a manicura	to have a manicure	[tə hævə 'mænɪˌkjʊə]
pedicure (f)	pedicure	['pedɪˌkjʊə(r)]

mala (f) de maquilhagem	make-up bag	['meɪk ʌp ˌbæg]
pó (m)	face powder	[feɪs 'paʊdə(r)]
caixa (f) de pó	powder compact	['paʊdə 'kɒmpækt]
blush (m)	blusher	['blʌʃə(r)]

perfume (m)	perfume	['pɜːfjuːm]
água (f) de toilette	toilet water	['tɔɪlɪt 'wɔːtə(r)]
loção (f)	lotion	['ləʊʃən]
água-de-colónia (f)	cologne	[kə'ləʊn]

sombra (f) de olhos	eyeshadow	['aɪʃædəʊ]
lápis (m) delineador	eyeliner	['aɪˌlaɪnə(r)]
máscara (f), rímel (m)	mascara	[mæs'kɑːrə]

batom (m)	lipstick	['lɪpstɪk]
verniz (m) de unhas	nail polish	['neɪl ˌpɒlɪʃ]
laca (f) para cabelos	hair spray	['heəspreɪ]

desodorizante (m)	deodorant	[di:'əʊdərənt]
creme (m)	cream	[kri:m]
creme (m) de rosto	face cream	['feɪs ˌkri:m]
creme (m) de mãos	hand cream	['hænd ˌkri:m]
creme (m) antirrugas	anti-wrinkle cream	['æntɪ 'rɪŋkəl kri:m]
creme (m) de dia	day cream	['deɪ ˌkri:m]
creme (m) de noite	night cream	['naɪt ˌkri:m]
tampão (m)	tampon	['tæmpɒn]
papel (m) higiénico	toilet paper	['tɔɪlɪt 'peɪpə(r)]
secador (m) elétrico	hair dryer	['heəˌdraɪə(r)]

40. Relógios de pulso. Relógios

relógio (m) de pulso	watch	[wɒtʃ]
mostrador (m)	dial	['daɪəl]
ponteiro (m)	hand	[hænd]
bracelete (f) em aço	bracelet	['breɪslɪt]
bracelete (f) em couro	watch strap	[wɒtʃ stræp]
pilha (f)	battery	['bætərɪ]
descarregar-se	to be dead	[tə bi ded]
trocar a pilha	to change a battery	[tə tʃeɪndʒ ə 'bætərɪ]
estar adiantado	to run fast	[tə rʌn fɑːst]
estar atrasado	to run slow	[tə rʌn sləʊ]
relógio (m) de parede	wall clock	['wɔːl ˌklɒk]
ampulheta (f)	hourglass	['aʊəglɑːs]
relógio (m) de sol	sundial	['sʌndaɪəl]
despertador (m)	alarm clock	[ə'lɑːm klɒk]
relojoeiro (m)	watchmaker	['wɒtʃˌmeɪkə(r)]
reparar (vt)	to repair (vt)	[tə rɪ'peə(r)]

EXPERIÊNCIA DO QUOTIDIANO

41. Dinheiro

dinheiro (m)	money	['mʌnɪ]
câmbio (m)	currency exchange	['kʌrənsɪ ɪks'ʧeɪndʒ]
taxa (f) de câmbio	exchange rate	[ɪks'ʧeɪndʒ reɪt]
Caixa Multibanco (m)	ATM	[ˌeɪtiː'em]
moeda (f)	coin	[kɔɪn]
dólar (m)	dollar	['dɒlə(r)]
euro (m)	euro	['jʊərəʊ]
lira (f)	lira	['lɪərə]
marco (m)	Deutschmark	['dɔɪʧmɑːk]
franco (m)	franc	[fræŋk]
libra (f) esterlina	pound sterling	[paʊnd 'stɜːlɪŋ]
iene (m)	yen	[jen]
dívida (f)	debt	[det]
devedor (m)	debtor	['detə(r)]
emprestar (vt)	to lend (vt)	[tə lend]
pedir emprestado	to borrow (vt)	[tə 'bɒrəʊ]
banco (m)	bank	[bæŋk]
conta (f)	account	[ə'kaʊnt]
depositar (vt)	to deposit (vt)	[tə dɪ'pɒzɪt]
cartão (m) de crédito	credit card	['kredɪt kɑːd]
dinheiro (m) vivo	cash	[kæʃ]
cheque (m)	check	[ʧek]
passar um cheque	to write a check	[tə ˌraɪt ə 'ʧek]
livro (m) de cheques	checkbook	['ʧek.bʊk]
carteira (f)	wallet	['wɒlɪt]
porta-moedas (m)	change purse	[ʧeɪndʒ pɜːs]
cofre (m)	safe	[seɪf]
herdeiro (m)	heir	[eə(r)]
herança (f)	inheritance	[ɪn'herɪtəns]
fortuna (riqueza)	fortune	['fɔːʧuːn]
arrendamento (m)	lease	[liːs]
renda (f) de casa	rent	[rent]
alugar (vt)	to rent (vt)	[tə rent]
preço (m)	price	[praɪs]
custo (m)	cost	[kɒst]
soma (f)	sum	[sʌm]
gastos (m pl)	expenses	[ɪk'spensɪz]

economizar (vi)	to economize (vi, vt)	[tə ɪ'kɒnəmaɪz]
económico	economical	[ˌiːkə'nɒmɪkəl]

pagar (vt)	to pay (vi, vt)	[tə peɪ]
pagamento (m)	payment	['peɪmənt]
troco (m)	change	[ʧeɪnʤ]

imposto (m)	tax	[tæks]
multa (f)	fine	[faɪn]
multar (vt)	to fine (vt)	[tə faɪn]

42. Correios. Serviço postal

correios (m pl)	post office	[pəust 'ɒfɪs]
correio (m)	mail	[meɪl]
carteiro (m)	mailman	['meɪlmən]
horário (m)	opening hours	['əupənɪŋ ˌauəz]

carta (f)	letter	['letə(r)]
carta (f) registada	registered letter	['reʤɪstəd 'letə(r)]
postal (m)	postcard	['pəustkɑːd]
telegrama (m)	telegram	['telɪgræm]
encomenda (f) postal	package, parcel	['pækɪʤ], ['pɑːsəl]
remessa (f) de dinheiro	money transfer	['mʌnɪ trænsˈfɜː(r)]

receber (vt)	to receive (vt)	[tə rɪ'siːv]
enviar (vt)	to send (vt)	[tə send]
envio (m)	sending	['sendɪŋ]

endereço (m)	address	[ə'dres]
código (m) postal	ZIP code	['zɪp ˌkəud]
remetente (m)	sender	['sendə(r)]
destinatário (m)	receiver	[rɪ'siːvə(r)]

nome (m)	first name	[fɜːst neɪm]
apelido (m)	surname, last name	['sɜːneɪm], [lɑːst neɪm]

tarifa (f)	rate	[reɪt]
ordinário	standard	['stændəd]
económico	economical	[ˌiːkə'nɒmɪkəl]

peso (m)	weight	[weɪt]
pesar (estabelecer o peso)	to weigh (vt)	[tə weɪ]
envelope (m)	envelope	['envələup]
selo (m)	postage stamp	['pəustɪʤ ˌstæmp]
colar o selo	to stamp an envelope	[tə stæmp ən 'envələup]

43. Banca

banco (m)	bank	[bæŋk]
sucursal, balcão (f)	branch	[brɑːnʧ]
consultor (m)	clerk, consultant	[klɜːk], [kən'sʌltənt]

gerente (m)	manager	['mænɪdʒə(r)]
conta (f)	bank account	[bæŋk ə'kaʊnt]
número (m) da conta	account number	[ə'kaʊnt 'nʌmbə(r)]
conta (f) corrente	checking account	['tʃekɪŋ ə'kaʊnt]
conta (f) poupança	savings account	['seɪvɪŋz ə'kaʊnt]
abrir uma conta	to open an account	[tu 'əʊpən ən ə'kaʊnt]
fechar uma conta	to close the account	[tə kləʊz ðɪ ə'kaʊnt]
depósito (m)	deposit	[dɪ'pɒzɪt]
fazer um depósito	to make a deposit	[tə meɪk ə dɪ'pɒzɪt]
transferência (f) bancária	wire transfer	['waɪə 'trænsfɜ:(r)]
transferir (vt)	to wire, to transfer	[tə 'waɪə], [tə træns'fɜ:]
soma (f)	sum	[sʌm]
Quanto?	How much?	[ˌhaʊ 'mʌtʃ]
assinatura (f)	signature	['sɪgnətʃə(r)]
assinar (vt)	to sign (vt)	[tə saɪn]
cartão (m) de crédito	credit card	['kredɪt kɑ:d]
código (m)	code	[kəʊd]
número (m) do cartão de crédito	credit card number	['kredɪt kɑ:d 'nʌmbə(r)]
Caixa Multibanco (m)	ATM	[ˌeɪti:'em]
cheque (m)	check	[tʃek]
passar um cheque	to write a check	[tə ˌraɪt ə 'tʃek]
livro (m) de cheques	checkbook	['tʃekˌbʊk]
empréstimo (m)	loan	[ləʊn]
pedir um empréstimo	to apply for a loan	[tə ə'plaɪ fɔ:rə ləʊn]
obter um empréstimo	to get a loan	[tə get ə ləʊn]
conceder um empréstimo	to give a loan	[tə gɪv ə ləʊn]
garantia (f)	guarantee	[ˌgærən'ti:]

44. Telefone. Conversação telefónica

telefone (m)	telephone	['telɪfəʊn]
telemóvel (m)	cell phone	['selfəʊn]
secretária (f) electrónica	answering machine	['ɑ:nsərɪŋ mə'ʃi:n]
fazer uma chamada	to call (vi, vt)	[tə kɔ:l]
chamada (f)	phone call	[fəʊn kɔ:l]
marcar um número	to dial a number	[tə 'daɪəl ə 'nʌmbə(r)]
Alô!	Hello!	[hə'ləʊ]
perguntar (vt)	to ask (vt)	[tə ɑ:sk]
responder (vt)	to answer (vi, vt)	[tə 'ɑ:nsə(r)]
ouvir (vt)	to hear (vt)	[tə hɪə(r)]
bem	well	[wel]
mal	not well	[nɒt wel]
ruído (m)	noises	[nɔɪzɪz]

49

auscultador (m)	receiver	[rɪ'siːvə(r)]
pegar o telefone	to pick up the phone	[tə pɪk ʌp ðə fəʊn]
desligar (vi)	to hang up	[tə hæŋg ʌp]

ocupado	busy	['bɪzɪ]
tocar (vi)	to ring (vi)	[tə rɪŋ]
lista (f) telefónica	telephone book	['telɪfəʊn bʊk]

local	local	['ləʊkəl]
chamada (f) local	local call	['ləʊkəl kɔːl]
de longa distância	long distance	[lɒŋ 'dɪstəns]
chamada (f) de longa distância	long distance call	[lɒŋ 'dɪstəns kɔːl]
internacional	international	[ˌɪntə'næʃənəl]
chamada (f) internacional	international call	[ˌɪntə'næʃənəl kɔːl]

45. Telefone móvel

telemóvel (m)	cell phone	['selfəʊn]
ecrã (m)	display	[dɪ'spleɪ]
botão (m)	button	['bʌtən]
cartão SIM (m)	SIM card	[sɪm kɑːd]

bateria (f)	battery	['bætərɪ]
descarregar-se	to be dead	[tə bi ded]
carregador (m)	charger	['tʃɑːdʒə(r)]

menu (m)	menu	['menjuː]
definições (f pl)	settings	['setɪŋz]
melodia (f)	tune	[tjuːn]
escolher (vt)	to select (vt)	[tə sɪ'lekt]

calculadora (f)	calculator	['kælkjʊleɪtə(r)]
correio (m) de voz	voice mail	[vɔɪs meɪl]
despertador (m)	alarm clock	[ə'lɑːm klɒk]
contatos (m pl)	contacts	['kɒntækts]

mensagem (f) de texto	SMS	[ˌesem'es]
assinante (m)	subscriber	[səb'skraɪbə(r)]

46. Estacionário

caneta (f)	ballpoint pen	['bɔːlpɔɪnt pen]
caneta (f) tinteiro	fountain pen	['faʊntɪn pen]

lápis (m)	pencil	['pensəl]
marcador (m)	highlighter	['haɪlaɪtə(r)]
caneta (f) de feltro	felt-tip pen	[felt tɪp pen]

bloco (m) de notas	notepad	['nəʊtpæd]
agenda (f)	agenda	[ə'dʒendə]
régua (f)	ruler	['ruːlə(r)]

calculadora (f)	calculator	['kælkjʊleɪtə(r)]
borracha (f)	eraser	[ɪ'reɪsə(r)]
pionés (m)	thumbtack	['θʌmtæk]
clipe (m)	paper clip	['peɪpə klɪp]

cola (f)	glue	[gluː]
agrafador (m)	stapler	['steɪplə(r)]
furador (m)	hole punch	[həʊl pʌntʃ]
afia-lápis (m)	pencil sharpener	['pensəl 'ʃɑːpənə(r)]

47. Línguas estrangeiras

língua (f)	language	['læŋgwɪʤ]
estrangeiro	foreign	['fɒrən]
estudar (vt)	to study (vt)	[tə 'stʌdɪ]
aprender (vt)	to learn (vt)	[tə lɜːn]

ler (vt)	to read (vi, vt)	[tə riːd]
falar (vi)	to speak (vi, vt)	[tə spiːk]
compreender (vt)	to understand (vt)	[tə,ʌndə'stænd]
escrever (vt)	to write (vt)	[tə raɪt]

rapidamente	quickly, fast	['kwɪklɪ], [fɑːst]
devagar	slowly	['sləʊlɪ]
fluentemente	fluently	['fluːəntlɪ]

regras (f pl)	rules	[ruːlz]
gramática (f)	grammar	['græmə(r)]
vocabulário (m)	vocabulary	[və'kæbjʊlərɪ]
fonética (f)	phonetics	[fə'netɪks]

manual (m) escolar	textbook	['tekstbʊk]
dicionário (m)	dictionary	['dɪkʃənərɪ]
manual (m) de autoaprendizagem	teach-yourself book	[tiːtʃ jɔː'self bʊk]
guia (m) de conversação	phrasebook	['freɪzbʊk]

cassete (f)	cassette, tape	[kæ'set], [teɪp]
vídeo cassete (m)	videotape	['vɪdɪəʊteɪp]
CD (m)	CD, compact disc	[ˌsiː'diː], [kəm'pækt dɪsk]
DVD (m)	DVD	[ˌdiː'viː'diː]

alfabeto (m)	alphabet	['ælfəbet]
soletrar (vt)	to spell (vt)	[tə spel]
pronúncia (f)	pronunciation	[prəˌnʌnsɪ'eɪʃən]

sotaque (m)	accent	['æksent]
com sotaque	with an accent	[wɪð ən 'æksent]
sem sotaque	without an accent	[wɪ'ðaʊt ən 'æksent]

palavra (f)	word	[wɜːd]
sentido (m)	meaning	['miːnɪŋ]
cursos (m pl)	course	[kɔːs]
inscrever-se (vr)	to sign up (vi)	[tə saɪn ʌp]

professor (m)	teacher	['tiːtʃə(r)]
tradução (texto)	translation	[trænsˈleɪʃən]
tradutor (m)	translator	[trænsˈleɪtə(r)]
intérprete (m)	interpreter	[ɪnˈtɜːprɪtə(r)]

| poliglota (m) | polyglot | ['pɒlɪɡlɒt] |
| memória (f) | memory | ['memərɪ] |

REFEIÇÕES. RESTAURANTE

48. Por a mesa

colher (f)	spoon	[spu:n]
faca (f)	knife	[naɪf]
garfo (m)	fork	[fɔːk]
chávena (f)	cup	[kʌp]
prato (m)	plate	[pleɪt]
pires (m)	saucer	['sɔːsə(r)]
guardanapo (m)	napkin	['næpkɪn]
palito (m)	toothpick	['tuːθpɪk]

49. Restaurante

restaurante (m)	restaurant	['restrɒnt]
café (m)	coffee house	['kɒfɪ ˌhaʊs]
bar (m), cervejaria (f)	pub, bar	[pʌb], [bɑː(r)]
salão (m) de chá	tearoom	['tiːrʊm]
empregado (m) de mesa	waiter	['weɪtə(r)]
empregada (f) de mesa	waitress	['weɪtrɪs]
barman (m)	bartender	['bɑːrˌtendə(r)]
ementa (f)	menu	['menjuː]
lista (f) de vinhos	wine list	['waɪn lɪst]
reservar uma mesa	to book a table	[tə bʊk ə 'teɪbəl]
prato (m)	course, dish	[kɔːs], [dɪʃ]
pedir (vt)	to order (vi, vt)	[tə 'ɔːdə(r)]
fazer o pedido	to make an order	[tə meɪk ən 'ɔːdə(r)]
aperitivo (m)	aperitif	[əperə'tiːf]
entrada (f)	appetizer	['æpɪtaɪzə(r)]
sobremesa (f)	dessert	[dɪ'zɜːt]
conta (f)	check	[ʧek]
pagar a conta	to pay the check	[tə peɪ ðə ʧek]
dar o troco	to give change	[tə gɪv 'ʧeɪndʒ]
gorjeta (f)	tip	[tɪp]

50. Refeições

comida (f)	food	[fuːd]
comer (vt)	to eat (vi, vt)	[tə iːt]

pequeno-almoço (m)	breakfast	['brekfəst]
tomar o pequeno-almoço	to have breakfast	[tə hæv 'brekfəst]
almoço (m)	lunch	[lʌntʃ]
almoçar (vi)	to have lunch	[tə hæv lʌntʃ]
jantar (m)	dinner	['dɪnə(r)]
jantar (vi)	to have dinner	[tə hæv 'dɪnə(r)]

| apetite (m) | appetite | ['æpɪtaɪt] |
| Bom apetite! | Enjoy your meal! | [ɪn'dʒɔɪ jɔː ˌmiːl] |

abrir (~ uma lata, etc.)	to open (vt)	[tə 'əʊpən]
derramar (vt)	to spill (vt)	[tə spɪl]
derramar-se (vr)	to spill out (vi)	[tə spɪl aʊt]

ferver (vi)	to boil (vi)	[tə bɔɪl]
ferver (vt)	to boil (vt)	[tə bɔɪl]
fervido	boiled	['bɔɪld]
arrefecer (vt)	to chill, cool down (vt)	[tə tʃɪl], [kuːl daʊn]
arrefecer-se (vr)	to chill (vi)	[tə tʃɪl]

| sabor, gosto (m) | taste, flavor | [teɪst], ['fleɪvə(r)] |
| gostinho (m) | aftertaste | ['ɑːftəteɪst] |

fazer dieta	to slim down	[tə slɪm daʊn]
dieta (f)	diet	['daɪət]
vitamina (f)	vitamin	['vaɪtəmɪn]
caloria (f)	calorie	['kælərɪ]
vegetariano (m)	vegetarian	[ˌvedʒɪ'teərɪən]
vegetariano	vegetarian	[ˌvedʒɪ'teərɪən]

gorduras (f pl)	fats	[fæts]
proteínas (f pl)	proteins	['prəʊtiːnz]
carboidratos (m pl)	carbohydrates	[ˌkɑːbəʊ'haɪdreɪts]
fatia (~ de limão, etc.)	slice	[slaɪs]
pedaço (~ de bolo)	piece	[piːs]
migalha (f)	crumb	[krʌm]

51. Pratos cozinhados

prato (m)	course, dish	[kɔːs], [dɪʃ]
cozinha (~ portuguesa)	cuisine	[kwɪ'ziːn]
receita (f)	recipe	['resɪpɪ]
porção (f)	portion	['pɔːʃən]

| salada (f) | salad | ['sæləd] |
| sopa (f) | soup | [suːp] |

caldo (m)	clear soup	[ˌklɪə 'suːp]
sandes (f)	sandwich	['sænwɪdʒ]
ovos (m pl) estrelados	fried eggs	['fraɪd ˌegz]

hambúrguer (m)	hamburger	['hæmbɜːgə(r)]
bife (m)	steak	[steɪk]
conduto (m)	side dish	[saɪd dɪʃ]

espaguete (m)	spaghetti	[spə'getɪ]
puré (m) de batata	mashed potatoes	[mæʃt pə'teɪtəuz]
pizza (f)	pizza	['pi:tsə]
papa (f)	porridge	['pɒrɪdʒ]
omelete (f)	omelet	['ɒmlɪt]

cozido em água	boiled	['bɔɪld]
fumado	smoked	[sməukt]
frito	fried	[fraɪd]
seco	dried	[draɪd]
congelado	frozen	['frəuzən]
em conserva	pickled	['pɪkəld]

doce (açucarado)	sweet	[swi:t]
salgado	salty	['sɔ:ltɪ]
frio	cold	[kəuld]
quente	hot	[hɒt]
amargo	bitter	['bɪtə(r)]
gostoso	tasty	['teɪstɪ]

cozinhar (em água a ferver)	to cook in boiling water	[tə kuk in 'bɔɪlɪŋ 'wɔ:tə]
fazer, preparar (vt)	to cook (vt)	[tə kuk]
fritar (vt)	to fry (vt)	[tə fraɪ]
aquecer (vt)	to heat up	[tə hi:t ʌp]

salgar (vt)	to salt (vt)	[tə sɔ:lt]
apimentar (vt)	to pepper (vt)	[tə 'pepə(r)]
ralar (vt)	to grate (vt)	[tə greɪt]
casca (f)	peel	[pi:l]
descascar (vt)	to peel (vt)	[tə pi:l]

52. Comida

carne (f)	meat	[mi:t]
galinha (f)	chicken	['tʃɪkɪn]
frango (m)	Rock Cornish hen	[rɒk 'kɔ:nɪʃ hen]
pato (m)	duck	[dʌk]
ganso (m)	goose	[gu:s]
caça (f)	game	[geɪm]
peru (m)	turkey	['tɜ:kɪ]

carne (f) de porco	pork	[pɔ:k]
carne (f) de vitela	veal	[vi:l]
carne (f) de carneiro	lamb	[læm]
carne (f) de vaca	beef	[bi:f]
carne (f) de coelho	rabbit	['ræbɪt]

chouriço, salsichão (m)	sausage	['sɒsɪdʒ]
salsicha (f)	vienna sausage	[vɪ'enə 'sɒsɪdʒ]
bacon (m)	bacon	['beɪkən]
fiambre (f)	ham	[hæm]
presunto (m)	gammon	['gæmən]
patê (m)	pâté	['pæteɪ]
fígado (m)	liver	['lɪvə(r)]

carne (f) moída	hamburger	['hæmbɜːgə(r)]
língua (f)	tongue	[tʌŋ]

ovo (m)	egg	[eg]
ovos (m pl)	eggs	[egz]
clara (f) do ovo	egg white	['eg ˌwaɪt]
gema (f) do ovo	egg yolk	['eg ˌjəʊk]

peixe (m)	fish	[fɪʃ]
mariscos (m pl)	seafood	['siːfuːd]
crustáceos (m pl)	crustaceans	[krʌ'steɪʃənz]
caviar (m)	caviar	['kævɪɑː(r)]

caranguejo (m)	crab	[kræb]
camarão (m)	shrimp	[ʃrɪmp]
ostra (f)	oyster	['ɔɪstə(r)]
lagosta (f)	spiny lobster	['spaɪnɪ 'lɒbstə(r)]
polvo (m)	octopus	['ɒktəpəs]
lula (f)	squid	[skwɪd]

esturjão (m)	sturgeon	['stɜːdʒən]
salmão (m)	salmon	['sæmən]
halibute (m)	halibut	['hælɪbət]

bacalhau (m)	cod	[kɒd]
cavala, sarda (f)	mackerel	['mækərəl]
atum (m)	tuna	['tuːnə]
enguia (f)	eel	[iːl]

truta (f)	trout	[traʊt]
sardinha (f)	sardine	[sɑːˈdiːn]
lúcio (m)	pike	[paɪk]
arenque (m)	herring	['herɪŋ]

pão (m)	bread	[bred]
queijo (m)	cheese	[tʃiːz]
açúcar (m)	sugar	['ʃʊgə(r)]
sal (m)	salt	[sɔːlt]

arroz (m)	rice	[raɪs]
massas (f pl)	pasta	['pæstə]
talharim (m)	noodles	['nuːdəlz]

manteiga (f)	butter	['bʌtə(r)]
óleo (m) vegetal	vegetable oil	['vedʒtəbəl ɔɪl]
óleo (m) de girassol	sunflower oil	['sʌnˌflaʊə ɔɪl]
margarina (f)	margarine	[ˌmɑːdʒəˈriːn]

azeitonas (f pl)	olives	['ɒlɪvz]
azeite (m)	olive oil	['ɒlɪv ˌɔɪl]

leite (m)	milk	[mɪlk]
leite (m) condensado	condensed milk	[kən'denst mɪlk]
iogurte (m)	yogurt	['jəʊgərt]
nata (f) azeda	sour cream	['saʊə ˌkriːm]
nata (f) do leite	cream	[kriːm]

| maionese (f) | mayonnaise | [ˌmeɪəˈneɪz] |
| creme (m) | buttercream | [ˈbʌtəˌkriːm] |

grãos (m pl) de cereais	groats	[grəʊts]
farinha (f)	flour	[ˈflaʊə(r)]
enlatados (m pl)	canned food	[kænd fuːd]

flocos (m pl) de milho	cornflakes	[ˈkɔːnfleɪks]
mel (m)	honey	[ˈhʌnɪ]
doce (m)	jam	[dʒæm]
pastilha (f) elástica	chewing gum	[ˈtʃuːɪŋ ˌgʌm]

53. Bebidas

água (f)	water	[ˈwɔːtə(r)]
água (f) potável	drinking water	[ˈdrɪŋkɪŋ ˈwɔːtə(r)]
água (f) mineral	mineral water	[ˈmɪnərəl ˈwɔːtə(r)]

sem gás	still	[stɪl]
gaseificada	carbonated	[ˈkɑːbəneɪtɪd]
com gás	sparkling	[ˈspɑːklɪŋ]
gelo (m)	ice	[aɪs]
com gelo	with ice	[wɪð aɪs]

sem álcool	non-alcoholic	[nɒn ˌælkəˈhɒlɪk]
bebida (f) sem álcool	soft drink	[sɒft drɪŋk]
refresco (m)	refreshing drink	[rɪˈfreʃɪŋ drɪŋk]
limonada (f)	lemonade	[ˌleməˈneɪd]

bebidas (f pl) alcoólicas	liquors	[ˈlɪkəz]
vinho (m)	wine	[waɪn]
vinho (m) branco	white wine	[ˈwaɪt ˌwaɪn]
vinho (m) tinto	red wine	[ˈred ˌwaɪn]

licor (m)	liqueur	[lɪˈkjʊə(r)]
champanhe (m)	champagne	[ˌʃæmˈpeɪn]
vermute (m)	vermouth	[vɜːˈmuːθ]

uísque (m)	whiskey	[ˈwɪskɪ]
vodka (f)	vodka	[ˈvɒdkə]
gim (m)	gin	[dʒɪn]
conhaque (m)	cognac	[ˈkɒnjæk]
rum (m)	rum	[rʌm]

café (m)	coffee	[ˈkɒfɪ]
café (m) puro	black coffee	[blæk ˈkɒfɪ]
café (m) com leite	coffee with milk	[ˈkɒfɪ wɪð mɪlk]
cappuccino (m)	cappuccino	[ˌkæpʊˈtʃiːnəʊ]
café (m) solúvel	instant coffee	[ˈɪnstənt ˈkɒfɪ]

leite (m)	milk	[mɪlk]
coquetel (m)	cocktail	[ˈkɒkteɪl]
batido (m) de leite	milkshake	[ˈmɪlk ʃeɪk]
sumo (m)	juice	[dʒuːs]

sumo (m) de tomate	tomato juice	[təˈmeɪtəʊ dʒuːs]
sumo (m) de laranja	orange juice	[ˈɒrɪndʒ ˌdʒuːs]
sumo (m) fresco	freshly squeezed juice	[ˈfreʃlɪ skwiːzd dʒuːs]
cerveja (f)	beer	[bɪə(r)]
cerveja (f) clara	light beer	[ˌlaɪt ˈbɪə(r)]
cerveja (f) preta	dark beer	[ˈdɑːk ˌbɪə(r)]
chá (m)	tea	[tiː]
chá (m) preto	black tea	[blæk tiː]
chá (m) verde	green tea	[ˈgriːnˌtiː]

54. Vegetais

legumes (m pl)	vegetables	[ˈvedʒtəbəlz]
verduras (f pl)	greens	[griːnz]
tomate (m)	tomato	[təˈmeɪtəʊ]
pepino (m)	cucumber	[ˈkjuːkʌmbə(r)]
cenoura (f)	carrot	[ˈkærət]
batata (f)	potato	[pəˈteɪtəʊ]
cebola (f)	onion	[ˈʌnjən]
alho (m)	garlic	[ˈgɑːlɪk]
couve (f)	cabbage	[ˈkæbɪdʒ]
couve-flor (f)	cauliflower	[ˈkɒlɪˌflaʊə(r)]
couve-de-bruxelas (f)	Brussels sprouts	[ˈbrʌsəlz ˌspraʊts]
brócolos (m pl)	broccoli	[ˈbrɒkəlɪ]
beterraba (f)	beet	[biːt]
beringela (f)	eggplant	[ˈegplɑːnt]
curgete (f)	zucchini	[zuːˈkiːnɪ]
abóbora (f)	pumpkin	[ˈpʌmpkɪn]
nabo (m)	turnip	[ˈtɜːnɪp]
salsa (f)	parsley	[ˈpɑːslɪ]
funcho, endro (m)	dill	[dɪl]
alface (f)	lettuce	[ˈletɪs]
aipo (m)	celery	[ˈselərɪ]
espargo (m)	asparagus	[əˈspærəgəs]
espinafre (m)	spinach	[ˈspɪnɪdʒ]
ervilha (f)	pea	[piː]
fava (f)	beans	[biːnz]
milho (m)	corn	[kɔːn]
feijão (m)	kidney bean	[ˈkɪdnɪ biːn]
pimentão (m)	bell pepper	[bel ˈpepə(r)]
rabanete (m)	radish	[ˈrædɪʃ]
alcachofra (f)	artichoke	[ˈɑːtɪtʃəʊk]

55. Frutos. Nozes

fruta (f)	fruit	[fruːt]
maçã (f)	apple	['æpəl]
pera (f)	pear	[peə(r)]
limão (m)	lemon	['lemən]
laranja (f)	orange	['ɒrɪndʒ]
morango (m)	strawberry	['strɔːbərɪ]

tangerina (f)	mandarin	['mændərɪn]
ameixa (f)	plum	[plʌm]
pêssego (m)	peach	[piːtʃ]
damasco (m)	apricot	['eɪprɪkɒt]
framboesa (f)	raspberry	['rɑːzbərɪ]
ananás (m)	pineapple	['paɪnˌæpəl]

banana (f)	banana	[bə'nɑːnə]
melancia (f)	watermelon	['wɔːtəˌmelən]
uva (f)	grape	[greɪp]
ginja (f)	sour cherry	['saʋə 'tʃerɪ]
cereja (f)	sweet cherry	[swiːt 'tʃerɪ]
meloa (f)	melon	['melən]

toranja (f)	grapefruit	['greɪpfruːt]
abacate (m)	avocado	[ˌævə'kɑːdəʋ]
papaia (f)	papaya	[pə'paɪə]
manga (f)	mango	['mæŋgəʋ]
romã (f)	pomegranate	['pɒmɪˌgrænɪt]

groselha (f) vermelha	redcurrant	['redkʌrənt]
groselha (f) preta	blackcurrant	[ˌblæk'kʌrənt]
groselha (f) espinhosa	gooseberry	['gʋzbərɪ]
mirtilo (m)	bilberry	['bɪlbərɪ]
amora silvestre (f)	blackberry	['blækbərɪ]

uvas (f pl) passas	raisin	['reɪzən]
figo (m)	fig	[fɪg]
tâmara (f)	date	[deɪt]

amendoim (m)	peanut	['piːnʌt]
amêndoa (f)	almond	['ɑːmənd]
noz (f)	walnut	['wɔːlnʌt]
avelã (f)	hazelnut	['heɪzəlnʌt]
coco (m)	coconut	['kəʋkənʌt]
pistáchios (m pl)	pistachios	[pɪ'stɑːʃəʋs]

56. Pão. Bolaria

pastelaria (f)	confectionery	[kən'fekʃənərɪ]
pão (m)	bread	[bred]
bolacha (f)	cookies	['kʋkɪz]
chocolate (m)	chocolate	['tʃɒkələt]
de chocolate	chocolate	['tʃɒkələt]

rebuçado (m)	candy	['kændɪ]
bolo (cupcake, etc.)	cake	[keɪk]
bolo (m) de aniversário	cake	[keɪk]

| tarte (~ de maçã) | pie | [paɪ] |
| recheio (m) | filling | ['fɪlɪŋ] |

doce (m)	jam	[dʒæm]
geleia (f) de frutas	marmalade	['mɑːməleɪd]
waffle (m)	wafers	['weɪfəz]
gelado (m)	ice-cream	[aɪs kriːm]
pudim (m)	pudding	['pʊdɪŋ]

57. Especiarias

sal (m)	salt	[sɔːlt]
salgado	salty	['sɔːltɪ]
salgar (vt)	to salt (vt)	[tə sɔːlt]

pimenta (f) preta	black pepper	[blæk 'pepə(r)]
pimenta (f) vermelha	red pepper	[red 'pepə(r)]
mostarda (f)	mustard	['mʌstəd]
raiz-forte (f)	horseradish	['hɔːsˌrædɪʃ]

condimento (m)	condiment	['kɒndɪmənt]
especiaria (f)	spice	[spaɪs]
molho (m)	sauce	[sɔːs]
vinagre (m)	vinegar	['vɪnɪgə(r)]

anis (m)	anise	['ænɪs]
manjericão (m)	basil	['beɪzəl]
cravo (m)	cloves	[kləʊvz]
gengibre (m)	ginger	['dʒɪndʒə(r)]
coentro (m)	coriander	[ˌkɒrɪ'ændə(r)]
canela (f)	cinnamon	['sɪnəmən]

sésamo (m)	sesame	['sesəmɪ]
folhas (f pl) de louro	bay leaf	[beɪ liːf]
páprica (f)	paprika	['pæprɪkə]
cominho (m)	caraway	['kærəweɪ]
açafrão (m)	saffron	['sæfrən]

INFORMAÇÃO PESSOAL. FAMÍLIA

58. Informação pessoal. Formulários

nome (m)	name, first name	[neɪm], ['fɜːstˌneɪm]
apelido (m)	surname, last name	['sɜːneɪm], [lɑːst neɪm]
data (f) de nascimento	date of birth	[deɪt əv bɜːθ]
local (m) de nascimento	place of birth	[ˌpleɪs əv 'bɜːθ]
nacionalidade (f)	nationality	[ˌnæʃə'nælətɪ]
lugar (m) de residência	place of residence	[ˌpleɪs əv 'rezɪdəns]
país (m)	country	['kʌntrɪ]
profissão (f)	profession	[prə'feʃən]
sexo (m)	gender, sex	['dʒendə(r)], [seks]
estatura (f)	height	[haɪt]
peso (m)	weight	[weɪt]

59. Membros da família. Parentes

mãe (f)	mother	['mʌðə(r)]
pai (m)	father	['fɑːðə(r)]
filho (m)	son	[sʌn]
filha (f)	daughter	['dɔːtə(r)]
filha (f) mais nova	younger daughter	[jʌŋgə 'dɔːtə(r)]
filho (m) mais novo	younger son	[jʌŋgə 'sʌn]
filha (f) mais velha	eldest daughter	['eldɪst 'dɔːtə(r)]
filho (m) mais velho	eldest son	['eldɪst sʌn]
irmão (m)	brother	['brʌðə(r)]
irmã (f)	sister	['sɪstə(r)]
primo (m)	cousin	['kʌzən]
prima (f)	cousin	['kʌzən]
mamã (f)	mom, mommy	[mɒm], ['mɒmɪ]
papá (m)	dad, daddy	[dæd], ['dædɪ]
pais (pl)	parents	['peərənts]
criança (f)	child	[tʃaɪld]
crianças (f pl)	children	['tʃɪldrən]
avó (f)	grandmother	['grænˌmʌðə(r)]
avô (m)	grandfather	['grændˌfɑːðə(r)]
neto (m)	grandson	['grænsʌn]
neta (f)	granddaughter	['grænˌdɔːtə(r)]
netos (pl)	grandchildren	['grænˌtʃɪldrən]
tio (m)	uncle	['ʌŋkəl]
tia (f)	aunt	[ɑːnt]

| sobrinho (m) | nephew | ['nefju:] |
| sobrinha (f) | niece | [ni:s] |

sogra (f)	mother-in-law	['mʌðər ɪn 'lɔ:]
sogro (m)	father-in-law	['fɑ:ðə ɪn ˌlɔ:]
genro (m)	son-in-law	['sʌn ɪn ˌlɔ:]
madrasta (f)	stepmother	['stepˌmʌðə(r)]
padrasto (m)	stepfather	['stepˌfɑ:ðə(r)]

criança (f) de colo	infant	['ɪnfənt]
bebé (m)	baby	['beɪbɪ]
menino (m)	little boy	['lɪtəl ˌbɔɪ]

| mulher (f) | wife | [waɪf] |
| marido (m) | husband | ['hʌzbənd] |

casado	married	['mærɪd]
casada	married	['mærɪd]
solteiro	single	['sɪŋɡəl]
solteirão (m)	bachelor	['bætʃələ(r)]
divorciado	divorced	[dɪ'vɔ:st]
viúva (f)	widow	['wɪdəʊ]
viúvo (m)	widower	['wɪdəʊə(r)]

parente (m)	relative	['relətɪv]
parente (m) próximo	close relative	[ˌkləʊs 'relətɪv]
parente (m) distante	distant relative	['dɪstənt 'relətɪv]
parentes (m pl)	relatives	['relətɪvz]

órfão (m), órfã (f)	orphan	['ɔ:fən]
tutor (m)	guardian	['ɡɑ:djən]
adotar (um filho)	to adopt (vt)	[tə ə'dɒpt]
adotar (uma filha)	to adopt (vt)	[tə ə'dɒpt]

60. Amigos. Colegas de trabalho

amigo (m)	friend	[frend]
amiga (f)	friend, girlfriend	[frend], ['ɡɜ:lfrend]
amizade (f)	friendship	['frendʃɪp]
ser amigos	to be friends	[tə bi frendz]

amigo (m)	buddy	['bʌdɪ]
amiga (f)	buddy	['bʌdɪ]
parceiro (m)	partner	['pɑ:tnə(r)]

chefe (m)	chief	[tʃi:f]
superior (m)	boss, superior	[bɒs], [su:'pɪərɪə(r)]
subordinado (m)	subordinate	[sə'bɔ:dɪnət]
colega (m)	colleague	['kɒli:ɡ]

conhecido (m)	acquaintance	[ə'kweɪntəns]
companheiro (m) de viagem	fellow traveler	['feləʊ 'trævələ(r)]
colega (m) de classe	classmate	['klɑ:smeɪt]
vizinho (m)	neighbor	['neɪbə(r)]

vizinha (f)	**neighbor**	['neɪbə(r)]
vizinhos (pl)	**neighbors**	['neɪbəz]

CORPO HUMANO. MEDICINA

61. Cabeça

cabeça (f)	head	[hed]
cara (f)	face	[feɪs]
nariz (m)	nose	[nəʊz]
boca (f)	mouth	[maʊθ]
olho (m)	eye	[aɪ]
olhos (m pl)	eyes	[aɪz]
pupila (f)	pupil	['pjuːpəl]
sobrancelha (f)	eyebrow	['aɪbraʊ]
pestana (f)	eyelash	['aɪlæʃ]
pálpebra (f)	eyelid	['aɪlɪd]
língua (f)	tongue	[tʌŋ]
dente (m)	tooth	[tuːθ]
lábios (m pl)	lips	[lɪps]
maçãs (f pl) do rosto	cheekbones	['ʧiːkbəʊnz]
gengiva (f)	gum	[gʌm]
palato (m)	palate	['pælət]
narinas (f pl)	nostrils	['nɒstrɪlz]
queixo (m)	chin	[ʧɪn]
mandíbula (f)	jaw	[dʒɔː]
bochecha (f)	cheek	[ʧiːk]
testa (f)	forehead	['fɔːhed]
têmpora (f)	temple	['tempəl]
orelha (f)	ear	[ɪə(r)]
nuca (f)	back of the head	['bæk əv ðə ˌhed]
pescoço (m)	neck	[nek]
garganta (f)	throat	[θrəʊt]
cabelos (m pl)	hair	[heə(r)]
penteado (m)	hairstyle	['heəstaɪl]
corte (m) de cabelo	haircut	['heəkʌt]
peruca (f)	wig	[wɪg]
bigode (m)	mustache	['mʌstæʃ]
barba (f)	beard	[bɪəd]
usar, ter (~ barba, etc.)	to have (vt)	[tə hæv]
trança (f)	braid	[breɪd]
suíças (f pl)	sideburns	['saɪdbɜːnz]
ruivo	red-haired	['red ˌheəd]
grisalho	gray	[greɪ]
calvo	bald	[bɔːld]
calva (f)	bald patch	[bɔːld pæʧ]

| rabo-de-cavalo (m) | ponytail | ['pəʊniteɪl] |
| franja (f) | bangs | [bæŋz] |

62. Corpo humano

| mão (f) | hand | [hænd] |
| braço (m) | arm | [ɑːm] |

dedo (m)	finger	['fɪŋɡə(r)]
polegar (m)	thumb	[θʌm]
dedo (m) mindinho	little finger	[ˌlɪtəl 'fɪŋɡə(r)]
unha (f)	nail	[neɪl]

punho (m)	fist	[fɪst]
palma (f) da mão	palm	[pɑːm]
pulso (m)	wrist	[rɪst]
antebraço (m)	forearm	['fɔːrˌɑːm]
cotovelo (m)	elbow	['elbəʊ]
ombro (m)	shoulder	['ʃəʊldə(r)]

perna (f)	leg	[leg]
pé (m)	foot	[fʊt]
joelho (m)	knee	[niː]
barriga (f) da perna	calf	[kɑːf]
anca (f)	hip	[hɪp]
calcanhar (m)	heel	[hiːl]

corpo (m)	body	['bɒdɪ]
barriga (f)	stomach	['stʌmək]
peito (m)	chest	[tʃest]
seio (m)	breast	[brest]
lado (m)	flank	[flæŋk]
costas (f pl)	back	[bæk]
região (f) lombar	lower back	['ləʊə bæk]
cintura (f)	waist	[weɪst]

umbigo (m)	navel, belly button	['neɪvəl], ['belɪ 'bʌtən]
nádegas (f pl)	buttocks	['bʌtəks]
traseiro (m)	bottom	['bɒtəm]

sinal (m)	beauty mark	['bjuːtɪ mɑːk]
tatuagem (f)	tattoo	[təˈtuː]
cicatriz (f)	scar	[skɑː(r)]

63. Doenças

doença (f)	sickness	['sɪknɪs]
estar doente	to be sick	[tə bi 'sɪk]
saúde (f)	health	[helθ]

| nariz (m) a escorrer | runny nose | [ˌrʌnɪ 'nəʊz] |
| amigdalite (f) | tonsillitis | [ˌtɒnsɪ'laɪtɪs] |

constipação (f)	cold	[kəʊld]
constipar-se (vr)	to catch a cold	[tə kætʃ ə 'kəʊld]
bronquite (f)	bronchitis	[brɒŋ'kaɪtɪs]
pneumonia (f)	pneumonia	[njuː'məʊnɪə]
gripe (f)	flu	[fluː]
míope	nearsighted	[ˌnɪə'saɪtɪd]
presbita	farsighted	['fɑː ˌsaɪtɪd]
estrabismo (m)	strabismus	[strə'bɪzməs]
estrábico	cross-eyed	[krɒs 'aɪd]
catarata (f)	cataract	['kætərækt]
glaucoma (m)	glaucoma	[glɔː'kəʊmə]
AVC (m), apoplexia (f)	stroke	[strəʊk]
ataque (m) cardíaco	heart attack	['hɑːt əˌtæk]
enfarte (m) do miocárdio	myocardial infarction	[ˌmaɪəʊ'kɑːdɪəl ɪn'fɑːkʃən]
paralisia (f)	paralysis	[pə'rælɪsɪs]
paralisar (vt)	to paralyze (vt)	[tə 'pærəlaɪz]
alergia (f)	allergy	['ælədʒɪ]
asma (f)	asthma	['æsmə]
diabetes (f)	diabetes	[ˌdaɪə'biːtiːz]
dor (f) de dentes	toothache	['tuːθeɪk]
cárie (f)	caries	['keəriːz]
diarreia (f)	diarrhea	[ˌdaɪə'rɪə]
prisão (f) de ventre	constipation	[ˌkɒnstɪ'peɪʃən]
desarranjo (m) intestinal	stomach upset	['stʌmək 'ʌpset]
intoxicação (f) alimentar	food poisoning	[fuːd 'pɔɪzənɪŋ]
artrite (f)	arthritis	[ɑː'θraɪtɪs]
raquitismo (m)	rickets	['rɪkɪts]
reumatismo (m)	rheumatism	['ruːmətɪzəm]
arteriosclerose (f)	atherosclerosis	[ˌæθərəʊsklɪ'rəʊsɪs]
gastrite (f)	gastritis	[gæs'traɪtɪs]
apendicite (f)	appendicitis	[əˌpendɪ'saɪtɪs]
colecistite (f)	cholecystitis	[ˌkɒlɪsɪs'taɪtɪs]
úlcera (f)	ulcer	['ʌlsə(r)]
sarampo (m)	measles	['miːzəlz]
rubéola (f)	rubella	[ruː'belə]
iterícia (f)	jaundice	['dʒɔːndɪs]
hepatite (f)	hepatitis	[ˌhepə'taɪtɪs]
esquizofrenia (f)	schizophrenia	[ˌskɪtsə'friːnɪə]
raiva (f)	rabies	['reɪbiːz]
neurose (f)	neurosis	[ˌnjʊə'rəʊsɪs]
comoção (f) cerebral	concussion	[kən'kʌʃən]
cancro (m)	cancer	['kænsə(r)]
esclerose (f)	sclerosis	[sklɪ'rəʊsɪs]
esclerose (f) múltipla	multiple sclerosis	['mʌltɪpəl sklɪ'rəʊsɪs]
alcoolismo (m)	alcoholism	['ælkəhɒlɪzəm]

alcoólico (m)	alcoholic	[ˌælkə'hɒlɪk]
sífilis (f)	syphilis	['sɪfɪlɪs]
SIDA (f)	AIDS	[eɪdz]

tumor (m)	tumor	['tju:mə(r)]
febre (f)	fever	['fi:və(r)]
malária (f)	malaria	[mə'leərɪə]
gangrena (f)	gangrene	['gæŋgri:n]
enjoo (m)	seasickness	['si:sɪknɪs]
epilepsia (f)	epilepsy	['epɪlepsɪ]

epidemia (f)	epidemic	[ˌepɪ'demɪk]
tifo (m)	typhus	['taɪfəs]
tuberculose (f)	tuberculosis	[tju:ˌbɜ:kjʊ'ləʊsɪs]
cólera (f)	cholera	['kɒlərə]
peste (f)	plague	[pleɪg]

64. Sintomas. Tratamentos. Parte 1

sintoma (m)	symptom	['sɪmptəm]
temperatura (f)	temperature	['temprətʃə(r)]
febre (f)	high temperature, fever	[haɪ 'temprətʃə(r)], ['fi:və(r)]
pulso (m)	pulse, heartbeat	[pʌls], ['hɑ:tbi:t]

vertigem (f)	dizziness	['dɪzɪnɪs]
quente (testa, etc.)	hot	[hɒt]
calafrio (m)	shivering	['ʃɪvərɪŋ]
pálido	pale	[peɪl]

tosse (f)	cough	[kɒf]
tossir (vi)	to cough (vi)	[tə kɒf]
espirrar (vi)	to sneeze (vi)	[tə sni:z]
desmaio (m)	faint	[feɪnt]
desmaiar (vi)	to faint (vi)	[tə feɪnt]

nódoa (f) negra	bruise	[bru:z]
galo (m)	bump	[bʌmp]
magoar-se (vr)	to bang (vi)	[tə bæŋ]
pisadura (f)	bruise	[bru:z]
aleijar-se (vr)	to get a bruise	[tə get ə bru:z]

coxear (vi)	to limp (vi)	[tə lɪmp]
deslocação (f)	dislocation	[ˌdɪslə'keɪʃən]
deslocar (vt)	to dislocate (vt)	[tə 'dɪsləkeɪt]
fratura (f)	fracture	['fræktʃə(r)]
fraturar (vt)	to have a fracture	[tə hæv ə 'fræktʃə(r)]

corte (m)	cut	[kʌt]
cortar-se (vr)	to cut oneself	[tə kʌt wʌn'self]
hemorragia (f)	bleeding	['bli:dɪŋ]

queimadura (f)	burn	[bɜ:n]
queimar-se (vr)	to get burned	[tə get 'bɜ:nd]
picar (vt)	to prick (vt)	[tə prɪk]

picar-se (vr)	to prick oneself	[tə prɪk wʌn'self]
lesionar (vt)	to injure (vt)	[tə 'ɪndʒə(r)]
lesão (m)	injury	['ɪndʒərɪ]
ferida (f), ferimento (m)	wound	[wuːnd]
trauma (m)	trauma	['traʊmə]

delirar (vi)	to be delirious	[tə bi dɪ'lɪrɪəs]
gaguejar (vi)	to stutter (vi)	[tə 'stʌtə(r)]
insolação (f)	sunstroke	['sʌnstrəʊk]

65. Sintomas. Tratamentos. Parte 2

dor (f)	pain, ache	[peɪn], [eɪk]
farpa (no dedo)	splinter	['splɪntə(r)]

suor (m)	sweat	[swet]
suar (vi)	to sweat (vi)	[tə swet]
vómito (m)	vomiting	['vɒmɪtɪŋ]
convulsões (f pl)	convulsions	[kən'vʌlʃənz]

grávida	pregnant	['pregnənt]
nascer (vi)	to be born	[tə bi bɔːn]
parto (m)	delivery, labor	[dɪ'lɪvərɪ], ['leɪbə(r)]
dar à luz	to deliver (vt)	[tə dɪ'lɪvə(r)]
aborto (m)	abortion	[ə'bɔːʃən]

respiração (f)	breathing, respiration	['briːðɪŋ], [ˌrespə'reɪʃən]
inspiração (f)	in-breath, inhalation	['ɪnbreθ], [ˌɪnhə'leɪʃən]
expiração (f)	out-breath, exhalation	['aʊtbreθ],[ˌeksə'leɪʃən]
expirar (vi)	to exhale (vi)	[tə eks'heɪl]
inspirar (vi)	to inhale (vi)	[tə ɪn'heɪl]

inválido (m)	disabled person	[dɪs'eɪbəld 'pɜːsən]
aleijado (m)	cripple	['krɪpəl]
toxicodependente (m)	drug addict	['drʌgˌædɪkt]

surdo	deaf	[def]
mudo	mute	[mjuːt]
surdo-mudo	deaf mute	[def mjuːt]

louco (adj.)	mad, insane	[mæd], [ɪn'seɪn]
louco (m)	madman	['mædmən]
louca (f)	madwoman	['mædˌwʊmən]
ficar louco	to go insane	[tə gəʊ ɪn'seɪn]

gene (m)	gene	[dʒiːn]
imunidade (f)	immunity	[ɪ'mjuːnətɪ]
hereditário	hereditary	[hɪ'redɪtərɪ]
congénito	congenital	[kən'dʒenɪtəl]

vírus (m)	virus	['vaɪrəs]
micróbio (m)	microbe	['maɪkrəʊb]
bactéria (f)	bacterium	[bæk'tɪərɪəm]
infeção (f)	infection	[ɪn'fekʃən]

66. Sintomas. Tratamentos. Parte 3

hospital (m)	hospital	['hɒspɪtəl]
paciente (m)	patient	['peɪʃənt]

diagnóstico (m)	diagnosis	[ˌdaɪəg'nəʊsɪs]
cura (f)	cure	[kjʊə]
tratamento (m) médico	treatment	['triːtmənt]
curar-se (vr)	to get treatment	[tə get 'triːtmənt]
tratar (vt)	to treat (vt)	[tə triːt]
cuidar (pessoa)	to nurse (vt)	[tə nɜːs]
cuidados (m pl)	care	[keə(r)]

operação (f)	operation, surgery	[ˌɒpə'reɪʃən], ['sɜːdʒərɪ]
enfaixar (vt)	to bandage (vt)	[tə 'bændɪdʒ]
enfaixamento (m)	bandaging	['bændɪdʒɪŋ]

vacinação (f)	vaccination	[ˌvæksɪ'neɪʃən]
vacinar (vt)	to vaccinate (vt)	[tə 'væksɪneɪt]
injeção (f)	injection, shot	[ɪn'dʒekʃən], [ʃɒt]
dar uma injeção	to give an injection	[təˌgɪv ən ɪn'dʒekʃən]

ataque (~ de asma, etc.)	attack	[ə'tæk]
amputação (f)	amputation	[ˌæmpjʊ'teɪʃən]
amputar (vt)	to amputate (vt)	[tə 'æmpjʊteɪt]
coma (f)	coma	['kəʊmə]
estar em coma	to be in a coma	[tə bi ɪn ə 'kəʊmə]
reanimação (f)	intensive care	[ɪn'tensɪv ˌkeə(r)]

recuperar-se (vr)	to recover (vi)	[tə rɪ'kʌvə(r)]
estado (~ de saúde)	condition	[kən'dɪʃən]
consciência (f)	consciousness	['kɒnʃəsnɪs]
memória (f)	memory	['memərɪ]

tirar (vt)	to pull out	[tə ˌpʊl 'aʊt]
chumbo (m), obturação (f)	filling	['fɪlɪŋ]
chumbar, obturar (vt)	to fill (vt)	[tə fɪl]

hipnose (f)	hypnosis	[hɪp'nəʊsɪs]
hipnotizar (vt)	to hypnotize (vt)	[tə 'hɪpnətaɪz]

67. Medicina. Drogas. Acessórios

medicamento (m)	medicine, drug	['medsɪn], [drʌg]
remédio (m)	remedy	['remədɪ]
receitar (vt)	to prescribe (vt)	[tə prɪ'skraɪb]
receita (f)	prescription	[prɪ'skrɪpʃən]

comprimido (m)	tablet, pill	['tæblɪt], [pɪl]
pomada (f)	ointment	['ɔɪntmənt]
ampola (f)	ampule	['æmpuːl]
preparado (m)	mixture	['mɪkstʃə(r)]
xarope (m)	syrup	['sɪrəp]

| cápsula (f) | capsule | ['kæpsju:l] |
| remédio (m) em pó | powder | ['paʊdə(r)] |

ligadura (f)	bandage	['bændɪdʒ]
algodão (m)	cotton wool	['kɒtən ˌwʊl]
iodo (m)	iodine	['aɪədaɪn]

penso (m) rápido	Band-Aid	['bændˌeɪd]
conta-gotas (m)	eyedropper	[aɪ 'drɒpə(r)]
termómetro (m)	thermometer	[θə'mɒmɪtə(r)]
seringa (f)	syringe	[sɪ'rɪndʒ]

| cadeira (f) de rodas | wheelchair | ['wi:lˌtʃeə(r)] |
| muletas (f pl) | crutches | [krʌtʃɪz] |

analgésico (m)	painkiller	['peɪnˌkɪlə(r)]
laxante (m)	laxative	['læksətɪv]
álcool (m) etílico	spirits (ethanol)	['spɪrɪts], ['eθənɒl]
ervas (f pl) medicinais	medicinal herbs	[mə'dɪsɪnəl ɜ:rbz]
de ervas (chá ~)	herbal	['ɜ:rbəl]

APARTAMENTO

68. Apartamento

apartamento (m)	apartment	[ə'pɑːtmənt]
quarto (m)	room	[rʊːm]
quarto (m) de dormir	bedroom	['bedrʊm]
sala (f) de jantar	dining room	['daɪnɪŋ rʊm]
sala (f) de estar	living room	['lɪvɪŋ ruːm]
escritório (m)	study	['stʌdɪ]
antessala (f)	entry room	['entrɪ ruːm]
quarto (m) de banho	bathroom	['bɑːθrʊm]
toilette (lavabo)	half bath	[hɑːf bɑːθ]
teto (m)	ceiling	['siːlɪŋ]
chão, soalho (m)	floor	[flɔː(r)]
canto (m)	corner	['kɔːnə(r)]

69. Mobiliário. Interior

mobiliário (m)	furniture	['fɜːnɪtʃə(r)]
mesa (f)	table	['teɪbəl]
cadeira (f)	chair	[tʃeə(r)]
cama (f)	bed	[bed]
divã (m)	couch, sofa	[kaʊtʃ], ['səʊfə]
cadeirão (m)	armchair	['ɑːmtʃeə(r)]
estante (f)	bookcase	['bʊkkeɪs]
prateleira (f)	shelf	[ʃelf]
guarda-vestidos (m)	wardrobe	['wɔːdrəʊb]
cabide (m) de parede	coat rack	['kəʊt ˌræk]
cabide (m) de pé	coat stand	['kəʊt stænd]
cómoda (f)	bureau, dresser	['bjʊərəʊ], ['dresə(r)]
mesinha (f) de centro	coffee table	['kɒfɪ 'teɪbəl]
espelho (m)	mirror	['mɪrə(r)]
tapete (m)	carpet	['kɑːpɪt]
tapete (m) pequeno	rug, small carpet	[rʌg], [smɔːl 'kɑːpɪt]
lareira (f)	fireplace	['faɪəpleɪs]
vela (f)	candle	['kændəl]
castiçal (m)	candlestick	['kændəlstɪk]
cortinas (f pl)	drapes	[dreɪps]
papel (m) de parede	wallpaper	['wɔːlˌpeɪpə(r)]

estores (f pl)	blinds	[blaındz]
candeeiro (m) de mesa	table lamp	['teıbəl læmp]
candeeiro (m) de pé	floor lamp	[flɔ: læmp]
lustre (m)	chandelier	[ʃændə'lıə(r)]

pé (de mesa, etc.)	leg	[leg]
braço (m)	armrest	['ɑ:mrest]
costas (f pl)	back	[bæk]
gaveta (f)	drawer	[drɔ:(r)]

70. Quarto de dormir

roupa (f) de cama	bedclothes	['bedkləʊðz]
almofada (f)	pillow	['pıləʊ]
fronha (f)	pillowcase	['pıləʊkeıs]
cobertor (m)	duvet, comforter	['du:veı], ['kʌmfətə(r)]
lençol (m)	sheet	[ʃi:t]
colcha (f)	bedspread	['bedspred]

71. Cozinha

cozinha (f)	kitchen	['kıʧın]
gás (m)	gas	[gæs]
fogão (m) a gás	gas stove	['gæs stəʊv]
fogão (m) elétrico	electric stove	[ı'lektrık stəʊv]
forno (m)	oven	['ʌvən]
forno (m) de micro-ondas	microwave oven	['maıkrəweıv 'ʌvən]

frigorífico (m)	fridge	[frıdʒ]
congelador (m)	freezer	['fri:zə(r)]
máquina (f) de lavar louça	dishwasher	['dıʃ‚wɒʃə(r)]

moedor (m) de carne	meat grinder	[mi:t 'graındə(r)]
espremedor (m)	juicer	['dʒu:sə]
torradeira (f)	toaster	['təʊstə(r)]
batedeira (f)	mixer	['mıksə(r)]

máquina (f) de café	coffee machine	['kɒfı mə'ʃi:n]
cafeteira (f)	coffee pot	['kɒfı pɒt]
moinho (m) de café	coffee grinder	['kɒfı 'graındə(r)]

chaleira (f)	kettle	['ketəl]
bule (m)	teapot	['ti:pɒt]
tampa (f)	lid	[lıd]
coador (m) de chá	tea strainer	[ti: 'streınə(r)]

colher (f)	spoon	[spu:n]
colher (f) de chá	teaspoon	['ti:spu:n]
colher (f) de sopa	soup spoon	[su:p spu:n]
garfo (m)	fork	[fɔ:k]
faca (f)	knife	[naıf]
louça (f)	tableware	['teıbəlweə(r)]

| prato (m) | plate | [pleɪt] |
| pires (m) | saucer | ['sɔːsə(r)] |

cálice (m)	shot glass	[ʃɒt glɑːs]
copo (m)	glass	[glɑːs]
chávena (f)	cup	[kʌp]

açucareiro (m)	sugar bowl	['ʃʊɡə ˌbəʊl]
saleiro (m)	salt shaker	[sɒlt 'ʃeɪkə]
pimenteiro (m)	pepper shaker	['pepə 'ʃeɪkə]
manteigueira (f)	butter dish	['bʌtə dɪʃ]

panela, caçarola (f)	stock pot	[stɒk pɒt]
frigideira (f)	frying pan	['fraɪɪŋ pæn]
concha (f)	ladle	['leɪdəl]
passador (m)	colander	['kʌləndə(r)]
bandeja (f)	tray	[treɪ]

garrafa (f)	bottle	['bɒtəl]
boião (m) de vidro	jar	[dʒɑː(r)]
lata (f)	can	[kæn]

abre-garrafas (m)	bottle opener	['bɒtəl 'əʊpənə(r)]
abre-latas (m)	can opener	[kæn 'əʊpənə(r)]
saca-rolhas (m)	corkscrew	['kɔːkskruː]
filtro (m)	filter	['fɪltə(r)]
filtrar (vt)	to filter (vt)	[tə 'fɪltə(r)]

| lixo (m) | trash | [træʃ] |
| balde (m) do lixo | trash can | ['træʃkæn] |

72. Casa de banho

quarto (m) de banho	bathroom	['bɑːθrʊm]
água (f)	water	['wɔːtə(r)]
torneira (f)	faucet	['fɔːsɪt]
água (f) quente	hot water	[hɒt 'wɔːtə(r)]
água (f) fria	cold water	[ˌkəʊld 'wɔːtə(r)]

| pasta (f) de dentes | toothpaste | ['tuːθpeɪst] |
| escovar os dentes | to brush one's teeth | [tə brʌʃ wʌns 'tiːθ] |

barbear-se (vr)	to shave (vi)	[tə ʃeɪv]
espuma (f) de barbear	shaving foam	['ʃeɪvɪŋ fəʊm]
máquina (f) de barbear	razor	['reɪzə(r)]

lavar (vt)	to wash (vt)	[tə wɒʃ]
lavar-se (vr)	to take a bath	[tə teɪk ə bɑːθ]
duche (m)	shower	['ʃaʊə(r)]
tomar um duche	to take a shower	[tə teɪk ə 'ʃaʊə(r)]

banheira (f)	bathtub	['bɑːθtʌb]
sanita (f)	toilet	['tɔɪlɪt]
lavatório (m)	sink, washbasin	[sɪŋk], ['wɒʃˌbeɪsən]

| sabonete (m) | soap | [səʊp] |
| saboneteira (f) | soap dish | ['səʊpdɪʃ] |

esponja (f)	sponge	[spʌndʒ]
champô (m)	shampoo	[ʃæm'puː]
toalha (f)	towel	['taʊəl]
roupão (m) de banho	bathrobe	['bɑ:θrəʊb]

lavagem (f)	laundry	['lɔːndrɪ]
máquina (f) de lavar	washing machine	['wɒʃɪŋ mə'ʃiːn]
lavar a roupa	to do the laundry	[tə duː 'lɔːndrɪ]
detergente (m)	laundry detergent	['lɔːndrɪ dɪ'tɜːdʒənt]

73. Eletrodomésticos

televisor (m)	TV set	[ˌtiː'viː set]
gravador (m)	tape recorder	[teɪp rɪ'kɔːdə(r)]
videogravador (m)	video, VCR	['vɪdɪəʊ], [ˌviːsiː'ɑː(r)]
rádio (m)	radio	['reɪdɪəʊ]
leitor (m)	player	['pleɪə(r)]

projetor (m)	video projector	['vɪdɪəʊ prə'dʒektə(r)]
cinema (m) em casa	home movie theater	[həʊm 'muːvɪ 'θɪətə(r)]
leitor (m) de DVD	DVD player	[ˌdiːviː'diː 'pleɪə(r)]
amplificador (m)	amplifier	['æmplɪfaɪə]
console (f) de jogos	video game console	['vɪdɪəʊ geɪm 'kɒnsəʊl]

câmara (f) de vídeo	video camera	['vɪdɪəʊ 'kæmərə]
máquina (f) fotográfica	camera	['kæmərə]
câmara (f) digital	digital camera	['dɪdʒɪtəl 'kæmərə]

aspirador (m)	vacuum cleaner	['vækjʊəm 'kliːnə(r)]
ferro (m) de engomar	iron	['aɪrən]
tábua (f) de engomar	ironing board	['aɪrənɪŋ bɔːd]

telefone (m)	telephone	['telɪfəʊn]
telemóvel (m)	cell phone	['selfəʊn]
máquina (f) de escrever	typewriter	['taɪpˌraɪtə(r)]
máquina (f) de costura	sewing machine	['səʊɪŋ mə'ʃiːn]

microfone (m)	microphone	['maɪkrəfəʊn]
auscultadores (m pl)	headphones	['hedfəʊnz]
controlo remoto (m)	remote control	[rɪ'məʊt kən'trəʊl]

CD (m)	CD, compact disc	[ˌsiː'diː], [kəm'pækt dɪsk]
cassete (f)	cassette, tape	[kæ'set], [teɪp]
disco (m) de vinil	vinyl record	['vaɪnɪl 'rekɔːd]

A TERRA. TEMPO

74. Espaço sideral

cosmos (m)	space	[speɪs]
cósmico	space	[speɪs]
espaço (m) cósmico	outer space	['aʊtə speɪs]
mundo (m)	world	[wɜːld]
universo (m)	universe	['juːnɪvɜːs]
galáxia (f)	galaxy	['ɡæləksɪ]
estrela (f)	star	[stɑː(r)]
constelação (f)	constellation	[ˌkɒnstə'leɪʃən]
planeta (m)	planet	['plænɪt]
satélite (m)	satellite	['sætəlaɪt]
meteorito (m)	meteorite	['miːtjəraɪt]
cometa (m)	comet	['kɒmɪt]
asteroide (m)	asteroid	['æstərɔɪd]
órbita (f)	orbit	['ɔːbɪt]
girar (vi)	to rotate (vi)	[tə rəʊ'teɪt]
atmosfera (f)	atmosphere	['ætməˌsfɪə(r)]
Sol (m)	the Sun	[ðə sʌn]
Sistema (m) Solar	solar system	['səʊlə 'sɪstəm]
eclipse (m) solar	solar eclipse	['səʊlə ɪ'klɪps]
Terra (f)	the Earth	[ðɪ ɜːθ]
Lua (f)	the Moon	[ðə muːn]
Marte (m)	Mars	[mɑːz]
Vénus (f)	Venus	['viːnəs]
Júpiter (m)	Jupiter	['dʒuːpɪtə(r)]
Saturno (m)	Saturn	['sætən]
Mercúrio (m)	Mercury	['mɜːkjʊrɪ]
Urano (m)	Uranus	['jʊərənəs]
Neptuno (m)	Neptune	['neptjuːn]
Plutão (m)	Pluto	['pluːtəʊ]
Via Láctea (f)	Milky Way	['mɪlkɪ weɪ]
Ursa Maior (f)	Great Bear	[ɡreɪt beə(r)]
Estrela Polar (f)	North Star	[nɔːθ stɑː(r)]
marciano (m)	Martian	['mɑːʃən]
extraterrestre (m)	extraterrestrial	[ˌekstrətə'restrɪəl]
alienígena (m)	alien	['eɪljən]

disco (m) voador	flying saucer	['flaɪɪŋ 'sɔːsə(r)]
nave (f) espacial	spaceship	['speɪsʃɪp]
estação (f) orbital	space station	[speɪs 'steɪʃən]
lançamento (m)	blast-off	[blɑːst ɒf]

motor (m)	engine	['endʒɪn]
bocal (m)	nozzle	['nɒzəl]
combustível (m)	fuel	[fjʊəl]

| cabine (f) | cockpit | ['kɒkpɪt] |
| antena (f) | antenna | [æn'tenə] |

vigia (f)	porthole	['pɔːthəʊl]
bateria (f) solar	solar panel	['səʊlə 'pænəl]
traje (m) espacial	spacesuit	['speɪssuːt]

| imponderabilidade (f) | weightlessness | ['weɪtlɪsnɪs] |
| oxigénio (m) | oxygen | ['ɒksɪdʒən] |

| acoplagem (f) | docking | ['dɒkɪŋ] |
| fazer uma acoplagem | to dock (vi, vt) | [tə dɒk] |

| observatório (m) | observatory | [əb'zɜːvətrɪ] |
| telescópio (m) | telescope | ['telɪskəʊp] |

| observar (vt) | to observe (vt) | [tə əb'zɜːv] |
| explorar (vt) | to explore (vt) | [tə ɪk'splɔː(r)] |

75. A Terra

Terra (f)	the Earth	[ðɪ 3ːθ]
globo terrestre (Terra)	the globe	[ðɪ gləʊb]
planeta (m)	planet	['plænɪt]

atmosfera (f)	atmosphere	['ætməˌsfɪə(r)]
geografia (f)	geography	[dʒɪ'ɒgrəfɪ]
natureza (f)	nature	['neɪtʃə(r)]

globo (mapa esférico)	globe	[gləʊb]
mapa (m)	map	[mæp]
atlas (m)	atlas	['ætləs]

| Europa (f) | Europe | ['jʊərəp] |
| Ásia (f) | Asia | ['eɪʒə] |

| África (f) | Africa | ['æfrɪkə] |
| Austrália (f) | Australia | [ɒ'streɪljə] |

América (f)	America	[ə'merɪkə]
América (f) do Norte	North America	[nɔːθ ə'merɪkə]
América (f) do Sul	South America	[saʊθ ə'merɪkə]

| Antártida (f) | Antarctica | [ænt'ɑːktɪkə] |
| Ártico (m) | the Arctic | [ðə 'ɑrktɪk] |

76. Pontos cardeais

norte (m)	north	[nɔ:θ]
para norte	to the north	[tə ðə nɔ:θ]
no norte	in the north	[ɪn ðə nɔ:θ]
do norte	northern	['nɔ:ðən]
sul (m)	south	[saʊθ]
para sul	to the south	[tə ðə saʊθ]
no sul	in the south	[ɪn ðə saʊθ]
do sul	southern	['sʌðən]
oeste, ocidente (m)	west	[west]
para oeste	to the west	[tə ðə west]
no oeste	in the west	[ɪn ðə west]
ocidental	western	['westən]
leste, oriente (m)	east	[i:st]
para leste	to the east	[tə ðɪ i:st]
no leste	in the east	[ɪn ðɪ i:st]
oriental	eastern	['i:stən]

77. Mar. Oceano

mar (m)	sea	[si:]
oceano (m)	ocean	['əʊʃən]
golfo (m)	gulf	[gʌlf]
estreito (m)	straits	[streɪts]
terra (f) firme	land	[lænd]
continente (m)	continent	['kɒntɪnənt]
ilha (f)	island	['aɪlənd]
península (f)	peninsula	[pə'nɪnsjʊlə]
arquipélago (m)	archipelago	[ˌɑ:kɪ'pelɪgəʊ]
baía (f)	bay	[beɪ]
porto (m)	harbor	['hɑ:bə(r)]
lagoa (f)	lagoon	[lə'gu:n]
cabo (m)	cape	[keɪp]
atol (m)	atoll	['ætɒl]
recife (m)	reef	[ri:f]
coral (m)	coral	['kɒrəl]
recife (m) de coral	coral reef	['kɒrəl ri:f]
profundo	deep	[di:p]
profundidade (f)	depth	[depθ]
abismo (m)	abyss	[ə'bɪs]
fossa (f) oceânica	trench	[trentʃ]
corrente (f)	current	['kʌrənt]
banhar (vt)	to surround	[tə sə'raʊnd]
litoral (m)	shore	[ʃɔ:(r)]

costa (f)	coast	[kəʊst]
maré (f) alta	flow	[fləʊ]
refluxo (m), maré (f) baixa	ebb	[eb]
restinga (f)	shoal	[ʃəʊl]
fundo (m)	bottom	['bɒtəm]

onda (f)	wave	[weɪv]
crista (f) da onda	crest	[krest]
espuma (f)	foam, spume	[fəʊm], [spju:m]

tempestade (f)	storm	[stɔ:m]
furacão (m)	hurricane	['hʌrɪkən]
tsunami (m)	tsunami	[tsu:'nɑ:mɪ]
calmaria (f)	calm	[kɑ:m]
calmo	quiet, calm	['kwaɪət], [kɑ:m]

| polo (m) | pole | [pəʊl] |
| polar | polar | ['pəʊlə(r)] |

latitude (f)	latitude	['lætɪtju:d]
longitude (f)	longitude	['lɒndʒɪtju:d]
paralela (f)	parallel	['pærəlel]
equador (m)	equator	[ɪ'kweɪtə(r)]

céu (m)	sky	[skaɪ]
horizonte (m)	horizon	[hə'raɪzən]
ar (m)	air	[eə]

farol (m)	lighthouse	['laɪthaʊs]
mergulhar (vi)	to dive (vi)	[tə daɪv]
afundar-se (vr)	to sink (vi)	[tə sɪŋk]
tesouros (m pl)	treasures	['treʒəz]

78. Nomes de Mares e Oceanos

Oceano (m) Atlântico	Atlantic Ocean	[ət'læntɪk 'əʊʃən]
Oceano (m) Índico	Indian Ocean	['ɪndɪən 'əʊʃən]
Oceano (m) Pacífico	Pacific Ocean	[pə'sɪfɪk 'əʊʃən]
Oceano (m) Ártico	Arctic Ocean	['ɑrktɪk 'əʊʃən]

Mar (m) Negro	Black Sea	[blæk si:]
Mar (m) Vermelho	Red Sea	[red si:]
Mar (m) Amarelo	Yellow Sea	[jeləʊ 'si:]
Mar (m) Branco	White Sea	[waɪt si:]

Mar (m) Cáspio	Caspian Sea	['kæspɪən si:]
Mar (m) Morto	Dead Sea	[,ded 'si:]
Mar (m) Mediterrâneo	Mediterranean Sea	[,medɪtə'reɪnɪən si:]

| Mar (m) Egeu | Aegean Sea | [i:'dʒi:ən si:] |
| Mar (m) Adriático | Adriatic Sea | [,eɪdrɪ'ætɪk si:] |

| Mar (m) Arábico | Arabian Sea | [ə'reɪbɪən si:] |
| Mar (m) do Japão | Sea of Japan | ['si: əv dʒə'pæn] |

| Mar (m) de Bering | Bering Sea | ['berɪŋ si:] |
| Mar (m) da China Meridional | South China Sea | [sauθ 'ʧaɪnə si:] |

Mar (m) de Coral	Coral Sea	['kɒrəl si:]
Mar (m) de Tasman	Tasman Sea	['tæzmən si:]
Mar (m) do Caribe	Caribbean Sea	['kæ'rɪbɪən si:]

| Mar (m) de Barents | Barents Sea | ['bærənts si:] |
| Mar (m) de Kara | Kara Sea | ['kɑːrə si:] |

Mar (m) do Norte	North Sea	[nɔ:θ si:]
Mar (m) Báltico	Baltic Sea	['bɔːltɪk si:]
Mar (m) da Noruega	Norwegian Sea	[nɔː'wiːdʒən si:]

79. Montanhas

montanha (f)	mountain	['mauntɪn]
cordilheira (f)	mountain range	['mauntɪn reɪndʒ]
serra (f)	mountain ridge	['mauntɪn rɪdʒ]

cume (m)	summit, top	['sʌmɪt], [tɒp]
pico (m)	peak	[pi:k]
sopé (m)	foot	[fut]
declive (m)	slope	[sləup]

vulcão (m)	volcano	[vɒl'kenəu]
vulcão (m) ativo	active volcano	['æktɪv vɒl'kenəu]
vulcão (m) extinto	dormant volcano	['dɔːmənt vɒl'kenəu]

erupção (f)	eruption	[ɪ'rʌpʃən]
cratera (f)	crater	['kreɪtə(r)]
magma (m)	magma	['mægmə]
lava (f)	lava	['lɑːvə]
fundido (lava ~a)	molten	['məultən]

desfiladeiro (m)	canyon	['kænjən]
garganta (f)	gorge	[gɔːdʒ]
fenda (f)	crevice	['krevɪs]
precipício (m)	abyss	[ə'bɪs]

passo, colo (m)	pass, col	[pɑːs], [kɒl]
planalto (m)	plateau	['plætəu]
falésia (f)	cliff	[klɪf]
colina (f)	hill	[hɪl]

glaciar (m)	glacier	['gleɪʃə(r)]
queda (f) d'água	waterfall	['wɔːtəfɔːl]
géiser (m)	geyser	['gaɪzə(r)]
lago (m)	lake	[leɪk]

planície (f)	plain	[pleɪn]
paisagem (f)	landscape	['lændskeɪp]
eco (m)	echo	['ekəu]
alpinista (m)	alpinist	['ælpɪnɪst]

escalador (m)	rock climber	[rɒk 'klaɪmə(r)]
conquistar (vt)	conquer (vt)	['kɒŋkə(r)]
subida, escalada (f)	climb	[klaɪm]

80. Nomes de montanhas

Alpes (m pl)	The Alps	[ðɪ ælps]
monte Branco (m)	Mont Blanc	[ˌmɔ̃'blɑ̃]
Pirineus (m pl)	The Pyrenees	[ðɪ ˌpɪrə'ni:z]

Cárpatos (m pl)	The Carpathians	[ðɪ kɑ:'peɪθɪənz]
montes (m pl) Urais	The Ural Mountains	[ðɪ 'jʊərəl 'maʊntɪnz]
Cáucaso (m)	The Caucasus Mountains	[ðɪ 'kɔ:kəsəs 'maʊntɪnz]
Elbrus (m)	Mount Elbrus	['maʊnt ˌelbə'ru:s]

Altai (m)	The Altai Mountains	[ðɪ ˌɑ:l'taɪ 'maʊntɪnz]
Tian Shan (m)	The Tian Shan	[ðɪ tjɛn'ʃɑ:n]
Pamir (m)	The Pamir Mountains	[ðɪ pə'mɪə 'maʊntɪnz]
Himalaias (m pl)	The Himalayas	[ðɪ ˌhɪmə'leɪəz]
monte (m) Everest	Mount Everest	['maʊnt 'evərɪst]

| Cordilheira (f) dos Andes | The Andes | [ðɪ 'ændi:z] |
| Kilimanjaro (m) | Mount Kilimanjaro | ['maʊnt ˌkɪlɪmən'dʒɑ:rəʊ] |

81. Rios

rio (m)	river	['rɪvə(r)]
fonte, nascente (f)	spring	[sprɪŋ]
leito (m) do rio	riverbed	['rɪvebed]
bacia (f)	basin	['beɪsən]
desaguar no ...	to flow into ...	[tə fləʊ 'ɪntʊ]

| afluente (m) | tributary | ['trɪbjʊtrɪ] |
| margem (do rio) | bank | [bæŋk] |

corrente (f)	current, stream	['kʌrənt], [stri:m]
rio abaixo	downstream	['daʊnˌstri:m]
rio acima	upstream	[ˌʌp'stri:m]

inundação (f)	inundation	[ˌɪnʌn'deɪʃən]
cheia (f)	flooding	['flʌdɪŋ]
transbordar (vi)	to overflow (vi)	[tə ˌəʊvə'fləʊ]
inundar (vt)	to flood (vt)	[tə flʌd]

| banco (m) de areia | shallow | ['ʃæləʊ] |
| rápidos (m pl) | rapids | ['ræpɪdz] |

barragem (f)	dam	[dæm]
canal (m)	canal	[kə'næl]
reservatório (m) de água	reservoir	['rezəvwɑ:(r)]
eclusa (f)	sluice, lock	[slu:s], [lɒk]
corpo (m) de água	water body	['wɔ:tə 'bɒdɪ]

pântano (m)	swamp	[swɒmp]
tremedal (m)	bog, marsh	[bɒg], [mɑːʃ]
remoinho (m)	whirlpool	['wɜːlpuːl]
arroio, regato (m)	stream	[striːm]
potável	drinking	['drɪŋkɪŋ]
doce (água)	fresh	[freʃ]
gelo (m)	ice	[aɪs]
congelar-se (vr)	to freeze over	[tə friːz 'əuvə(r)]

82. Nomes de rios

rio Sena (m)	Seine	[seɪn]
rio Loire (m)	Loire	[lwɑːr]
rio Tamisa (m)	Thames	[temz]
rio Reno (m)	Rhine	[raɪn]
rio Danúbio (m)	Danube	['dænjuːb]
rio Volga (m)	Volga	['vɒlgə]
rio Don (m)	Don	[dɒn]
rio Lena (m)	Lena	['leɪnə]
rio Amarelo (m)	Yellow River	[ˌjeləu 'rɪvə(r)]
rio Yangtzé (m)	Yangtze	['jæŋtsɪ]
rio Mekong (m)	Mekong	['miːkɒŋ]
rio Ganges (m)	Ganges	['gændʒiːz]
rio Nilo (m)	Nile River	[naɪl 'rɪvə(r)]
rio Congo (m)	Congo	['kɒŋgəu]
rio Cubango (m)	Okavango	[ˌɔkə'væŋgəu]
rio Zambeze (m)	Zambezi	[zæm'biːzɪ]
rio Limpopo (m)	Limpopo	[lɪm'pəupəu]

83. Floresta

floresta (f), bosque (m)	forest, wood	['fɒrɪst], [wud]
florestal	forest	['fɒrɪst]
mata (f) cerrada	thick forest	[θɪk 'fɒrɪst]
arvoredo (m)	grove	[grəuv]
clareira (f)	clearing	['klɪərɪŋ]
matagal (m)	thicket	['θɪkɪt]
mato (m)	scrubland	['skrʌblænd]
vereda (f)	footpath	['futpɑːθ]
ravina (f)	gully	['gʌlɪ]
árvore (f)	tree	[triː]
folha (f)	leaf	[liːf]

folhagem (f)	leaves	[liːvz]
queda (f) das folhas	fall of leaves	[fɔːl əv liːvz]
cair (vi)	to fall (vi)	[tə fɔːl]
topo (m)	top	[tɒp]

ramo (m)	branch	[brɑːntʃ]
galho (m)	bough	[baʊ]
botão, rebento (m)	bud	[bʌd]
agulha (f)	needle	[ˈniːdəl]
pinha (f)	pine cone	[paɪn kəʊn]

buraco (m) de árvore	tree hollow	[tri: ˈhɒləʊ]
ninho (m)	nest	[nest]
toca (f)	burrow, animal hole	[ˈbʌrəʊ], [ˈænɪməl həʊl]

tronco (m)	trunk	[trʌŋk]
raiz (f)	root	[ruːt]
casca (f) de árvore	bark	[bɑːk]
musgo (m)	moss	[mɒs]

arrancar pela raiz	to uproot (vt)	[tə ˌʌpˈruːt]
cortar (vt)	to chop down	[tə tʃɒp daʊn]
desflorestar (vt)	to deforest (vt)	[tə ˌdiːˈfɒrɪst]
toco, cepo (m)	tree stump	[tri: stʌmp]

fogueira (f)	campfire	[ˈkæmpˌfaɪə(r)]
incêndio (m) florestal	forest fire	[ˈfɒrɪst ˈfaɪə(r)]
apagar (vt)	to extinguish (vt)	[tə ɪkˈstɪŋgwɪʃ]

guarda-florestal (m)	forest ranger	[ˈfɒrɪst ˈreɪndʒə]
proteção (f)	protection	[prəˈtekʃən]
proteger (a natureza)	to protect (vt)	[tə prəˈtekt]
caçador (m) furtivo	poacher	[ˈpəʊtʃə(r)]
armadilha (f)	steel trap	[stiːl træp]

| colher (cogumelos, bagas) | to gather, to pick (vt) | [tə ˈgæðə(r)], [tə pɪk] |
| perder-se (vr) | to lose one's way | [tə luːz wʌnz weɪ] |

84. Recursos naturais

recursos (m pl) naturais	natural resources	[ˈnætʃərəl rɪˈsɔːsɪz]
minerais (m pl)	minerals	[ˈmɪnərəlz]
depósitos (m pl)	deposits	[dɪˈpɒzɪts]
jazida (f)	field	[fiːld]

extrair (vt)	to mine (vt)	[tə maɪn]
extração (f)	mining	[ˈmaɪnɪŋ]
minério (m)	ore	[ɔː(r)]
mina (f)	mine	[maɪn]
poço (m) de mina	shaft	[ʃɑːft]
mineiro (m)	miner	[ˈmaɪnə(r)]

| gás (m) | gas | [gæs] |
| gasoduto (m) | gas pipeline | [gæs ˈpaɪplaɪn] |

petróleo (m)	oil, petroleum	[ɔɪl], [pɪ'trəʊlɪəm]
oleoduto (m)	oil pipeline	[ɔɪl 'paɪplaɪn]
poço (m) de petróleo	oil well	[ɔɪl wel]
torre (f) petrolífera	derrick	['derɪk]
petroleiro (m)	tanker	['tæŋkə(r)]

areia (f)	sand	[sænd]
calcário (m)	limestone	['laɪmstəʊn]
cascalho (m)	gravel	['grævəl]
turfa (f)	peat	[pi:t]
argila (f)	clay	[kleɪ]
carvão (m)	coal	[kəʊl]

ferro (m)	iron	['aɪrən]
ouro (m)	gold	[gəʊld]
prata (f)	silver	['sɪlvə(r)]
níquel (m)	nickel	['nɪkəl]
cobre (m)	copper	['kɒpə(r)]

zinco (m)	zinc	[zɪŋk]
manganês (m)	manganese	['mæŋgəni:z]
mercúrio (m)	mercury	['mɜ:kjʊrɪ]
chumbo (m)	lead	[led]

mineral (m)	mineral	['mɪnərəl]
cristal (m)	crystal	['krɪstəl]
mármore (m)	marble	['mɑ:bəl]
urânio (m)	uranium	[jʊ'reɪnjəm]

85. Tempo

tempo (m)	weather	['weðə(r)]
previsão (f) do tempo	weather forecast	['weðə 'fɔ:kɑ:st]
temperatura (f)	temperature	['temprətʃə(r)]
termómetro (m)	thermometer	[θə'mɒmɪtə(r)]
barómetro (m)	barometer	[bə'rɒmɪtə(r)]

húmido	humid	['hju:mɪd]
humidade (f)	humidity	[hju:'mɪdətɪ]
calor (m)	heat	[hi:t]
cálido	hot, torrid	[hɒt], ['tɒrɪd]
está muito calor	it's hot	[ɪts hɒt]

| está calor | it's warm | [ɪts wɔ:m] |
| quente | warm | [wɔ:m] |

| está frio | it's cold | [ɪts kəʊld] |
| frio | cold | [kəʊld] |

sol (m)	sun	[sʌn]
brilhar (vi)	to shine (vi)	[tə ʃaɪn]
de sol, ensolarado	sunny	['sʌnɪ]
nascer (vi)	to come up (vi)	[tə kʌm ʌp]
pôr-se (vr)	to set (vi)	[tə set]

nuvem (f)	cloud	[klaʊd]
nublado	cloudy	['klaʊdɪ]
nuvem (f) preta	rain cloud	[reɪn klaʊd]
escuro, cinzento	somber	['sɒmbə(r)]

chuva (f)	rain	[reɪn]
está a chover	it's raining	[ɪts 'reɪnɪŋ]
chuvoso	rainy	['reɪnɪ]
chuviscar (vi)	to drizzle (vi)	[tə 'drɪzəl]

chuva (f) torrencial	pouring rain	['pɔːrɪŋ reɪn]
chuvada (f)	downpour	['daʊnpɔː(r)]
forte (chuva)	heavy	['hevɪ]
poça (f)	puddle	['pʌdəl]
molhar-se (vr)	to get wet	[tə get wet]

nevoeiro (m)	fog, mist	[fɒg], [mɪst]
de nevoeiro	foggy	['fɒgɪ]
neve (f)	snow	[snəʊ]
está a nevar	it's snowing	[ɪts snəʊɪŋ]

86. Tempo extremo. Catástrofes naturais

trovoada (f)	thunderstorm	['θʌndəstɔːm]
relâmpago (m)	lightning	['laɪtnɪŋ]
relampejar (vi)	to flash (vi)	[tə flæʃ]

trovão (m)	thunder	['θʌndə(r)]
trovejar (vi)	to thunder (vi)	[tə 'θʌndə(r)]
está a trovejar	it's thundering	[ɪts 'θʌndərɪŋ]

| granizo (m) | hail | [heɪl] |
| está a cair granizo | it's hailing | [ɪts heɪlɪŋ] |

| inundar (vt) | to flood (vt) | [tə flʌd] |
| inundação (f) | flood | [flʌd] |

terremoto (m)	earthquake	['ɜːθkweɪk]
abalo, tremor (m)	tremor, shock	['tremə(r)], [ʃɒk]
epicentro (m)	epicenter	['epɪsentə(r)]

| erupção (f) | eruption | [ɪ'rʌpʃən] |
| lava (f) | lava | ['lɑːvə] |

turbilhão (m)	twister	['twɪstə(r)]
tornado (m)	tornado	[tɔː'neɪdəʊ]
tufão (m)	typhoon	[taɪ'fuːn]

furacão (m)	hurricane	['hʌrɪkən]
tempestade (f)	storm	[stɔːm]
tsunami (m)	tsunami	[tsuː'nɑːmɪ]

| ciclone (m) | cyclone | ['saɪkləʊn] |
| mau tempo (m) | bad weather | [bæd 'weðə(r)] |

incêndio (m)	fire	['faɪə(r)]
catástrofe (f)	disaster	[dɪ'zɑːstə(r)]
meteorito (m)	meteorite	['miːtjəraɪt]

avalanche (f)	avalanche	['ævəlɑːnʃ]
deslizamento (m) de neve	snowslide	['snəʊslaɪd]
nevasca (f)	blizzard	['blɪzəd]
tempestade (f) de neve	snowstorm	['snəʊstɔːm]

FAUNA

87. Mamíferos. Predadores

predador (m)	predator	['predətə(r)]
tigre (m)	tiger	['taɪgə(r)]
leão (m)	lion	['laɪən]
lobo (m)	wolf	[wʊlf]
raposa (f)	fox	[fɒks]

jaguar (m)	jaguar	['dʒægjʊə(r)]
leopardo (m)	leopard	['lepəd]
chita (f)	cheetah	['tʃiːtə]

pantera (f)	black panther	[blæk 'pænθə(r)]
puma (m)	puma	['pjuːmə]
leopardo-das-neves (m)	snow leopard	[snəʊ 'lepəd]
lince (m)	lynx	[lɪnks]

coiote (m)	coyote	[kɔɪ'əʊtɪ]
chacal (m)	jackal	['dʒækəl]
hiena (f)	hyena	[haɪ'iːnə]

88. Animais selvagens

| animal (m) | animal | ['ænɪməl] |
| besta (f) | beast | [biːst] |

esquilo (m)	squirrel	['skwɜːrəl]
ouriço (m)	hedgehog	['hedʒhɒg]
lebre (f)	hare	[heə(r)]
coelho (m)	rabbit	['ræbɪt]

texugo (m)	badger	['bædʒə(r)]
guaxinim (m)	raccoon	[rə'kuːn]
hamster (m)	hamster	['hæmstə(r)]
marmota (f)	marmot	['mɑːmət]

toupeira (f)	mole	[məʊl]
rato (m)	mouse	[maʊs]
ratazana (f)	rat	[ræt]
morcego (m)	bat	[bæt]

arminho (m)	ermine	['ɜːmɪn]
zibelina (f)	sable	['seɪbəl]
marta (f)	marten	['mɑːtɪn]
doninha (f)	weasel	['wiːzəl]
vison (m)	mink	[mɪŋk]

| castor (m) | beaver | ['biːvə(r)] |
| lontra (f) | otter | ['ɒtə(r)] |

cavalo (m)	horse	[hɔːs]
alce (m)	moose	[muːs]
veado (m)	deer	[dɪə(r)]
camelo (m)	camel	['kæməl]

bisão (m)	bison	['baɪsən]
auroque (m)	wisent	['wiːzənt]
búfalo (m)	buffalo	['bʌfələʊ]

zebra (f)	zebra	['ziːbrə]
antílope (m)	antelope	['æntɪləʊp]
corça (f)	roe deer	[rəʊ dɪə(r)]
gamo (m)	fallow deer	['fæləʊ dɪə(r)]
camurça (f)	chamois	['ʃæmwɑː]
javali (m)	wild boar	[ˌwaɪld 'bɔː(r)]

baleia (f)	whale	[weɪl]
foca (f)	seal	[siːl]
morsa (f)	walrus	['wɔːlrəs]
urso-marinho (m)	fur seal	['fɜːˌsiːl]
golfinho (m)	dolphin	['dɒlfɪn]

urso (m)	bear	[beə]
urso (m) branco	polar bear	['pəʊlə ˌbeə(r)]
panda (m)	panda	['pændə]

macaco (em geral)	monkey	['mʌŋkɪ]
chimpanzé (m)	chimpanzee	[ˌtʃɪmpæn'ziː]
orangotango (m)	orangutan	[ɒˌræŋuː'tæn]
gorila (m)	gorilla	[gə'rɪlə]
macaco (m)	macaque	[mə'kɑːk]
gibão (m)	gibbon	['gɪbən]

elefante (m)	elephant	['elɪfənt]
rinoceronte (m)	rhinoceros	[raɪ'nɒsərəs]
girafa (f)	giraffe	[dʒɪ'rɑːf]
hipopótamo (m)	hippopotamus	[ˌhɪpə'pɒtəməs]

| canguru (m) | kangaroo | [ˌkæŋgə'ruː] |
| coala (m) | koala | [kəʊ'ɑːlə] |

mangusto (m)	mongoose	['mɒŋguːs]
chinchila (m)	chinchilla	[ˌtʃɪn'tʃɪlə]
doninha-fedorenta (f)	skunk	[skʌŋk]
porco-espinho (m)	porcupine	['pɔːkjʊpaɪn]

89. Animais domésticos

gata (f)	cat	[kæt]
gato (m) macho	tomcat	['tɒmkæt]
cão (m)	dog	[dɒg]

cavalo (m)	horse	[hɔːs]
garanhão (m)	stallion	['stælɪən]
égua (f)	mare	[meə(r)]

vaca (f)	cow	[kaʊ]
touro (m)	bull	[bʊl]
boi (m)	ox	[ɒks]

ovelha (f)	sheep	[ʃiːp]
carneiro (m)	ram	[ræm]
cabra (f)	goat	[gəʊt]
bode (m)	he-goat	['hiː gəʊt]

| burro (m) | donkey | ['dɒŋkɪ] |
| mula (f) | mule | [mjuːl] |

porco (m)	pig, hog	[pɪg], [hɒg]
leitão (m)	piglet	['pɪglɪt]
coelho (m)	rabbit	['ræbɪt]

| galinha (f) | hen | [hen] |
| galo (m) | rooster | ['ruːstə(r)] |

pata (f)	duck	[dʌk]
pato (macho)	drake	[dreɪk]
ganso (m)	goose	[guːs]

| peru (m) | tom turkey, gobbler | [tɒm 'tɜːkɪ], ['gɒblə(r)] |
| perua (f) | turkey | ['tɜːkɪ] |

animais (m pl) domésticos	domestic animals	[də'mestɪk 'ænɪməlz]
domesticado	tame	[teɪm]
domesticar (vt)	to tame (vt)	[tə teɪm]
criar (vt)	to breed (vt)	[tə briːd]

quinta (f)	farm	[fɑːm]
aves (f pl) domésticas	poultry	['pəʊltrɪ]
gado (m)	cattle	['kætəl]
rebanho (m), manada (f)	herd	[hɜːd]

estábulo (m)	stable	['steɪbəl]
pocilga (f)	pigpen	['pɪgpen]
estábulo (m)	cowshed	['kaʊʃed]
coelheira (f)	rabbit hutch	['ræbɪt ˌhʌtʃ]
galinheiro (m)	hen house	['henˌhaʊs]

90. Pássaros

pássaro (m), ave (f)	bird	[bɜːd]
pombo (m)	pigeon	['pɪdʒɪn]
pardal (m)	sparrow	['spærəʊ]
chapim-real (m)	tit	[tɪt]
pega-rabuda (f)	magpie	['mægpaɪ]
corvo (m)	raven	['reɪvən]

gralha (f) cinzenta	crow	[krəʊ]
gralha-de-nuca-cinzenta (f)	jackdaw	[ˈdʒækdɔ:]
gralha-calva (f)	rook	[rʊk]
pato (m)	duck	[dʌk]
ganso (m)	goose	[gu:s]
faisão (m)	pheasant	[ˈfezənt]
águia (f)	eagle	[ˈi:gəl]
açor (m)	hawk	[hɔ:k]
falcão (m)	falcon	[ˈfɔ:lkən]
abutre (m)	vulture	[ˈvʌltʃə]
condor (m)	condor	[ˈkɒndɔ:(r)]
cisne (m)	swan	[swɒn]
grou (m)	crane	[kreɪn]
cegonha (f)	stork	[stɔ:k]
papagaio (m)	parrot	[ˈpærət]
beija-flor (m)	hummingbird	[ˈhʌmɪŋˌbɜ:d]
pavão (m)	peacock	[ˈpi:kɒk]
avestruz (m)	ostrich	[ˈɒstrɪtʃ]
garça (f)	heron	[ˈherən]
flamingo (m)	flamingo	[fləˈmɪŋgəʊ]
pelicano (m)	pelican	[ˈpelɪkən]
rouxinol (m)	nightingale	[ˈnaɪtɪŋgeɪl]
andorinha (f)	swallow	[ˈswɒləʊ]
tordo-zornal (m)	thrush	[θrʌʃ]
tordo-músico (m)	song thrush	[sɒŋ θrʌʃ]
melro-preto (m)	blackbird	[ˈblækˌbɜ:d]
andorinhão (m)	swift	[swɪft]
cotovia (f)	lark	[lɑ:k]
codorna (f)	quail	[kweɪl]
pica-pau (m)	woodpecker	[ˈwʊdˌpekə(r)]
cuco (m)	cuckoo	[ˈkʊku:]
coruja (f)	owl	[aʊl]
corujão, bufo (m)	eagle owl	[ˈi:gəl aʊl]
tetraz-grande (m)	wood grouse	[wʊd graʊs]
tetraz-lira (m)	black grouse	[blæk graʊs]
perdiz-cinzenta (f)	partridge	[ˈpɑ:trɪdʒ]
estorninho (m)	starling	[ˈstɑ:lɪŋ]
canário (m)	canary	[kəˈneəri]
galinha-do-mato (f)	hazel grouse	[ˈheɪzəl graʊs]
tentilhão (m)	chaffinch	[ˈtʃæfɪntʃ]
dom-fafe (m)	bullfinch	[ˈbʊlfɪntʃ]
gaivota (f)	seagull	[ˈsi:gʌl]
albatroz (m)	albatross	[ˈælbətrɒs]
pinguim (m)	penguin	[ˈpeŋgwɪn]

91. Peixes. Animais marinhos

brema (f)	bream	[briːm]
carpa (f)	carp	[kɑːp]
perca (f)	perch	[pɜːʧ]
siluro (m)	catfish	['kætfɪʃ]
lúcio (m)	pike	[paɪk]
salmão (m)	salmon	['sæmən]
esturjão (m)	sturgeon	['stɜːʤən]
arenque (m)	herring	['herɪŋ]
salmão (m)	Atlantic salmon	[ət'læntɪk 'sæmən]
cavala, sarda (f)	mackerel	['mækərəl]
solha (f)	flatfish	['flætfɪʃ]
lúcio perca (m)	pike perch	[paɪk pɜːʧ]
bacalhau (m)	cod	[kɒd]
atum (m)	tuna	['tuːnə]
truta (f)	trout	[traʊt]
enguia (f)	eel	[iːl]
raia elétrica (f)	electric ray	[ɪ'lektrɪk reɪ]
moreia (f)	moray eel	['mɒreɪ iːl]
piranha (f)	piranha	[pɪ'rɑːnə]
tubarão (m)	shark	[ʃɑːk]
golfinho (m)	dolphin	['dɒlfɪn]
baleia (f)	whale	[weɪl]
caranguejo (m)	crab	[kræb]
medusa, alforreca (f)	jellyfish	['ʤelɪfɪʃ]
polvo (m)	octopus	['ɒktəpəs]
estrela-do-mar (f)	starfish	['stɑːfɪʃ]
ouriço-do-mar (m)	sea urchin	[siː 'ɜːʧɪn]
cavalo-marinho (m)	seahorse	['siːhɔːs]
ostra (f)	oyster	['ɔɪstə(r)]
camarão (m)	shrimp	[ʃrɪmp]
lavagante (m)	lobster	['lɒbstə(r)]
lagosta (f)	spiny lobster	['spaɪnɪ 'lɒbstə(r)]

92. Amfíbios. Répteis

serpente, cobra (f)	snake	[sneɪk]
venenoso	venomous	['venəməs]
víbora (f)	viper	['vaɪpə(r)]
cobra-capelo, naja (f)	cobra	['kəʊbrə]
pitão (m)	python	['paɪθən]
jiboia (f)	boa	['bəʊə]
cobra-de-água (f)	grass snake	['grɑːsˌsneɪk]

| cascavel (f) | rattle snake | ['rætəl sneɪk] |
| anaconda (f) | anaconda | [ænə'kɒndə] |

lagarto (m)	lizard	['lɪzəd]
iguana (f)	iguana	[ɪ'gwɑ:nə]
varano (m)	monitor lizard	['mɒnɪtə 'lɪzəd]
salamandra (f)	salamander	['sælə,mændə(r)]
camaleão (m)	chameleon	[kə'mi:lɪən]
escorpião (m)	scorpion	['skɔːpɪən]

tartaruga (f)	turtle	['tɜːtəl]
rã (f)	frog	[frɒg]
sapo (m)	toad	[təʊd]
crocodilo (m)	crocodile	['krɒkədaɪl]

93. Insetos

inseto (m)	insect, bug	['ɪnsekt], [bʌg]
borboleta (f)	butterfly	['bʌtəflaɪ]
formiga (f)	ant	[ænt]
mosca (f)	fly	[flaɪ]
mosquito (m)	mosquito	[mə'ski:təʊ]
escaravelho (m)	beetle	['bi:təl]

vespa (f)	wasp	[wɒsp]
abelha (f)	bee	[bi:]
mamangava (f)	bumblebee	['bʌmbəlbi:]
moscardo (m)	gadfly	['gædflaɪ]

| aranha (f) | spider | ['spaɪdə(r)] |
| teia (f) de aranha | spiderweb | ['spaɪdəweb] |

libélula (f)	dragonfly	['drægənflaɪ]
gafanhoto-do-campo (m)	grasshopper	['grɑ:s,hɒpə(r)]
traça (f)	moth	[mɒθ]

barata (f)	cockroach	['kɒkrəʊtʃ]
carraça (f)	tick	[tɪk]
pulga (f)	flea	[fli:]
borrachudo (m)	midge	[mɪdʒ]

gafanhoto (m)	locust	['ləʊkəst]
caracol (m)	snail	[sneɪl]
grilo (m)	cricket	['krɪkɪt]
pirilampo (m)	lightning bug	['laɪtnɪŋ bʌg]
joaninha (f)	ladybug	['leɪdɪbʌg]
besouro (m)	cockchafer	['kɒk,tʃeɪfə(r)]

sanguessuga (f)	leech	[li:tʃ]
lagarta (f)	caterpillar	['kætəpɪlə(r)]
minhoca (f)	earthworm	['ɜːθwɜːm]
larva (f)	larva	['lɑ:və]

FLORA

94. Árvores

árvore (f)	tree	[tri:]
decídua	deciduous	[dɪ'sɪdjʊəs]
conífera	coniferous	[kə'nɪfərəs]
perene	evergreen	['evəgri:n]

macieira (f)	apple tree	['æpəl ˌtri:]
pereira (f)	pear tree	['peə ˌtri:]
cerejeira (f)	sweet cherry tree	[swi:t 'ʧerɪ tri:]
ginjeira (f)	sour cherry tree	-	['saʊə 'ʧerɪ tri:]
ameixeira (f)	plum tree	['plʌm tri:]

bétula (f)	birch	[bɜːʧ]
carvalho (m)	oak	[əʊk]
tília (f)	linden tree	['lɪndən tri:]
choupo-tremedor (m)	aspen	['æspən]
bordo (m)	maple	['meɪpəl]
espruce-europeu (m)	spruce	[spru:s]
pinheiro (m)	pine	[paɪn]
alerce, lariço (m)	larch	[lɑ:ʧ]
abeto (m)	fir	[fɜː(r)]
cedro (m)	cedar	['si:də(r)]

choupo, álamo (m)	poplar	['pɒplə(r)]
tramazeira (f)	rowan	['rəʊən]
salgueiro (m)	willow	['wɪləʊ]
amieiro (m)	alder	['ɔːldə(r)]
faia (f)	beech	[bi:ʧ]
ulmeiro (m)	elm	[elm]
freixo (m)	ash	[æʃ]
castanheiro (m)	chestnut	['ʧesnʌt]

magnólia (f)	magnolia	[mæg'nəʊlɪə]
palmeira (f)	palm tree	[pɑːm tri:]
cipreste (m)	cypress	['saɪprəs]

mangue (m)	mangrove	['mæŋgrəʊv]
embondeiro, baobá (m)	baobab	['beɪəʊˌbæb]
eucalipto (m)	eucalyptus	[ˌjuːkə'lɪptəs]
sequoia (f)	sequoia	[sɪ'kwɔɪə]

95. Arbustos

| arbusto (m) | bush | [bʊʃ] |
| arbusto (m), moita (f) | shrub | [ʃrʌb] |

| videira (f) | grapevine | ['greɪpvaɪn] |
| vinhedo (m) | vineyard | ['vɪnjəd] |

framboeseira (f)	raspberry bush	['rɑːzbərɪ buʃ]
groselheira-vermelha (f)	redcurrant bush	['redkʌrənt buʃ]
groselheira (f) espinhosa	gooseberry bush	['guzbərɪ ˌbuʃ]

acácia (f)	acacia	[ə'keɪʃə]
bérberis (f)	barberry	['bɑːbərɪ]
jasmim (m)	jasmine	['dʒæzmɪn]

junípero (m)	juniper	['dʒuːnɪpə(r)]
roseira (f)	rosebush	['rəuzbuʃ]
roseira (f) brava	dog rose	['dɒg ˌrəuz]

96. Frutos. Bagas

fruta (f)	fruit	[fruːt]
frutas (f pl)	fruits	[fruːts]
maçã (f)	apple	['æpəl]
pera (f)	pear	[peə(r)]
ameixa (f)	plum	[plʌm]

morango (m)	strawberry	['strɔːbərɪ]
ginja (f)	sour cherry	['sauə 'tʃerɪ]
cereja (f)	sweet cherry	[swiːt 'tʃerɪ]
uva (f)	grape	[greɪp]

framboesa (f)	raspberry	['rɑːzbərɪ]
groselha (f) preta	blackcurrant	[ˌblæk'kʌrənt]
groselha (f) vermelha	redcurrant	['redkʌrənt]

| groselha (f) espinhosa | gooseberry | ['guzbərɪ] |
| oxicoco (m) | cranberry | ['krænbərɪ] |

laranja (f)	orange	['ɒrɪndʒ]
tangerina (f)	mandarin	['mændərɪn]
ananás (m)	pineapple	['paɪnˌæpəl]

| banana (f) | banana | [bə'nɑːnə] |
| tâmara (f) | date | [deɪt] |

limão (m)	lemon	['lemən]
damasco (m)	apricot	['eɪprɪkɒt]
pêssego (m)	peach	[piːtʃ]

| kiwi (m) | kiwi | ['kiːwiː] |
| toranja (f) | grapefruit | ['greɪpfruːt] |

baga (f)	berry	['berɪ]
bagas (f pl)	berries	['berɪːz]
arando (m) vermelho	cowberry	['kaubərɪ]
morango-silvestre (m)	wild strawberry	['waɪld 'strɔːbərɪ]
mirtilo (m)	bilberry	['bɪlbərɪ]

97. Flores. Plantas

| flor (f) | flower | ['flaʊə(r)] |
| ramo (m) de flores | bouquet | [bʊ'keɪ] |

rosa (f)	rose	[rəʊz]
tulipa (f)	tulip	['tjuːlɪp]
cravo (m)	carnation	[kɑː'neɪʃən]
gladíolo (m)	gladiolus	[ˌglædɪ'əʊləs]

centáurea (f)	cornflower	['kɔːnflaʊə(r)]
campânula (f)	harebell	['heəbel]
dente-de-leão (m)	dandelion	['dændɪlaɪən]
camomila (f)	camomile	['kæməmaɪl]

aloé (m)	aloe	['æləʊ]
cato (m)	cactus	['kæktəs]
fícus (m)	rubber plant, ficus	['rʌbə plɑːnt], ['faɪkəs]

lírio (m)	lily	['lɪlɪ]
gerânio (m)	geranium	[dʒɪ'reɪnjəm]
jacinto (m)	hyacinth	['haɪəsɪnθ]

mimosa (f)	mimosa	[mɪ'məʊzə]
narciso (m)	narcissus	[nɑː'sɪsəs]
capuchinha (f)	nasturtium	[nəs'tɜːʃəm]

orquídea (f)	orchid	['ɔːkɪd]
peónia (f)	peony	['piːənɪ]
violeta (f)	violet	['vaɪələt]

amor-perfeito (m)	pansy	['pænzɪ]
não-me-esqueças (m)	forget-me-not	[fə'get mi ˌnɒt]
margarida (f)	daisy	['deɪzɪ]

papoula (f)	poppy	['pɒpɪ]
cânhamo (m)	hemp	[hemp]
hortelã (f)	mint	[mɪnt]

| lírio-do-vale (m) | lily of the valley | ['lɪlɪ əv ðə 'vælɪ] |
| campânula-branca (f) | snowdrop | ['snəʊdrɒp] |

urtiga (f)	nettle	['netəl]
azeda (f)	sorrel	['sɒrəl]
nenúfar (m)	water lily	['wɔːtə 'lɪlɪ]
feto (m), samambaia (f)	fern	[fɜːn]
líquen (m)	lichen	['laɪkən]

estufa (f)	conservatory	[kən'sɜːvətrɪ]
relvado (m)	lawn	[lɔːn]
canteiro (m) de flores	flowerbed	['flaʊəbed]

planta (f)	plant	[plɑːnt]
erva (f)	grass	[grɑːs]
folha (f) de erva	blade of grass	[bleɪd əv grɑːs]

folha (f)	leaf	[li:f]
pétala (f)	petal	['petəl]
talo (m)	stem	[stem]
tubérculo (m)	tuber	['tju:bə(r)]

| broto, rebento (m) | young plant | [jʌŋ plɑ:nt] |
| espinho (m) | thorn | [θɔ:n] |

florescer (vi)	to blossom (vi)	[tə 'blɒsəm]
murchar (vi)	to fade (vi)	[tə feɪd]
cheiro (m)	smell	[smel]
cortar (flores)	to cut (vt)	[tə kʌt]
colher (uma flor)	to pick (vt)	[tə pɪk]

98. Cereais, grãos

grão (m)	grain	[greɪn]
cereais (plantas)	cereal crops	['sɪərɪəl krɒps]
espiga (f)	ear	[ɪə(r)]

trigo (m)	wheat	[wi:t]
centeio (m)	rye	[raɪ]
aveia (f)	oats	[əʊts]
milho-miúdo (m)	millet	['mɪlɪt]
cevada (f)	barley	['bɑ:lɪ]

milho (m)	corn	[kɔ:n]
arroz (m)	rice	[raɪs]
trigo-sarraceno (m)	buckwheat	['bʌkwi:t]

ervilha (f)	pea	[pi:]
feijão (m)	kidney bean	['kɪdnɪ bi:n]
soja (f)	soy	[sɔɪ]
lentilha (f)	lentil	['lentɪl]
fava (f)	beans	[bi:nz]

PAÍSES DO MUNDO

99. Países. Parte 1

Afeganistão (m)	Afghanistan	[æfˈɡænɪˌstæn]
África do Sul (f)	South Africa	[saʊθ ˈæfrɪkə]
Albânia (f)	Albania	[ælˈbeɪnɪə]
Alemanha (f)	Germany	[ˈʤɜːmənɪ]
Arábia (f) Saudita	Saudi Arabia	[ˈsaʊdɪ əˈreɪbɪə]
Argentina (f)	Argentina	[ˌɑːʤənˈtiːnə]
Arménia (f)	Armenia	[ɑːˈmiːnɪə]

Austrália (f)	Australia	[ɒˈstreɪljə]
Áustria (f)	Austria	[ˈɒstrɪə]
Azerbaijão (m)	Azerbaijan	[ˌæzəbaɪˈʤɑːn]
Bahamas (f pl)	The Bahamas	[ðə bəˈhɑːməz]
Bangladesh (m)	Bangladesh	[ˌbæŋɡləˈdeʃ]
Bélgica (f)	Belgium	[ˈbeldʒəm]
Bielorrússia (f)	Belarus	[ˌbeləˈruːs]

Bolívia (f)	Bolivia	[bəˈlɪvɪə]
Bósnia e Herzegovina (f)	Bosnia and Herzegovina	[ˈbɒznɪə ənd ˌheətsəɡəˈviːnə]
Brasil (m)	Brazil	[brəˈzɪl]
Bulgária (f)	Bulgaria	[bʌlˈɡeərɪə]
Camboja (f)	Cambodia	[kæmˈbəʊdjə]
Canadá (m)	Canada	[ˈkænədə]
Cazaquistão (m)	Kazakhstan	[ˌkæzækˈstɑːn]

Chile (m)	Chile	[ˈʧɪlɪ]
China (f)	China	[ˈʧaɪnə]
Chipre (m)	Cyprus	[ˈsaɪprəs]
Colômbia (f)	Colombia	[kəˈlɒmbɪə]
Coreia do Norte (f)	North Korea	[nɔːθ kəˈrɪə]
Coreia do Sul (f)	South Korea	[saʊθ kəˈrɪə]
Croácia (f)	Croatia	[krəʊˈeɪʃə]

Cuba (f)	Cuba	[ˈkjuːbə]
Dinamarca (f)	Denmark	[ˈdenmɑːk]
Egito (m)	Egypt	[ˈiːʤɪpt]
Emirados Árabes Unidos	United Arab Emirates	[juːˈnaɪtɪd ˈærəb ˈemərəts]
Equador (m)	Ecuador	[ˈekwədɔː(r)]
Escócia (f)	Scotland	[ˈskɒtlənd]

Eslováquia (f)	Slovakia	[sləˈvækɪə]
Eslovénia (f)	Slovenia	[sləˈviːnɪə]
Espanha (f)	Spain	[speɪn]
Estados Unidos da América	United States of America	[juːˈnaɪtɪd steɪts əv əˈmerɪkə]
Estónia (f)	Estonia	[eˈstəʊnjə]
Finlândia (f)	Finland	[ˈfɪnlənd]
França (f)	France	[frɑːns]

100. Países. Parte 2

Gana (f)	Ghana	['gɑ:nə]
Geórgia (f)	Georgia	['dʒɔːdʒjə]
Grã-Bretanha (f)	Great Britain	[greɪt 'brɪtən]
Grécia (f)	Greece	[gri:s]
Haiti (m)	Haiti	['heɪtɪ]
Hungria (f)	Hungary	['hʌŋgərɪ]
Índia (f)	India	['ɪndɪə]

Indonésia (f)	Indonesia	[ˌɪndə'ni:zjə]
Inglaterra (f)	England	['ɪŋglənd]
Irão (m)	Iran	[ɪ'rɑ:n]
Iraque (m)	Iraq	[ɪ'rɑ:k]
Irlanda (f)	Ireland	['aɪələnd]
Islândia (f)	Iceland	['aɪslənd]
Israel (m)	Israel	['ɪzreɪəl]

Itália (f)	Italy	['ɪtəlɪ]
Jamaica (f)	Jamaica	[dʒə'meɪkə]
Japão (m)	Japan	[dʒə'pæn]
Jordânia (f)	Jordan	['dʒɔːdən]
Kuwait (m)	Kuwait	[kʊ'weɪt]
Laos (m)	Laos	[laʊs]
Letónia (f)	Latvia	['lætvɪə]

Líbano (m)	Lebanon	['lebənən]
Líbia (f)	Libya	['lɪbɪə]
Liechtenstein (m)	Liechtenstein	['lɪktənstaɪn]
Lituânia (f)	Lithuania	[ˌlɪθjʊ'eɪnjə]
Luxemburgo (m)	Luxembourg	['lʌksəmbɜ:g]
Macedónia (f)	Macedonia	[ˌmæsɪ'dəʊnɪə]
Madagáscar (m)	Madagascar	[ˌmædə'gæskə(r)]

Malásia (f)	Malaysia	[mə'leɪzɪə]
Malta (f)	Malta	['mɔːltə]
Marrocos	Morocco	[mə'rɒkəʊ]
México (m)	Mexico	['meksɪkəʊ]
Myanmar (m), Birmânia (f)	Myanmar	[ˌmaɪæn'mɑ:(r)]
Moldávia (f)	Moldavia	[mɒl'deɪvɪə]
Mónaco (m)	Monaco	['mɒnəkəʊ]

Mongólia (f)	Mongolia	[mɒŋ'gəʊlɪə]
Montenegro (m)	Montenegro	[ˌmɒntɪ'ni:grəʊ]
Namíbia (f)	Namibia	[nə'mɪbɪə]
Nepal (m)	Nepal	[nɪ'pɔ:l]
Noruega (f)	Norway	['nɔ:weɪ]
Nova Zelândia (f)	New Zealand	[nju: 'zi:lənd]

101. Países. Parte 3

| Países (m pl) Baixos | Netherlands | ['neðələndz] |
| Palestina (f) | Palestine | ['pælə,staɪn] |

Panamá (m)	Panama	['pænəmɑ:]
Paquistão (m)	Pakistan	['pækɪstæn]
Paraguai (m)	Paraguay	['pærəgwaɪ]
Peru (m)	Peru	[pə'ru:]
Polinésia Francesa (f)	French Polynesia	[frentʃ ˌpɒlɪ'ni:zjə]

Polónia (f)	Poland	['pəʊlənd]
Portugal (m)	Portugal	['pɔ:tʃʊgəl]
Quénia (f)	Kenya	['kenjə]
Quirguistão (m)	Kirghizia	[kɜ:'gɪzɪə]
República (f) Checa	Czech Republic	[tʃek rɪ'pʌblɪk]
República (f) Dominicana	Dominican Republic	[də'mɪnɪkən rɪ'pʌblɪk]
Roménia (f)	Romania	[ru:'meɪnɪə]

Rússia (f)	Russia	['rʌʃə]
Senegal (m)	Senegal	[ˌsenɪ'gɔ:l]
Sérvia (f)	Serbia	['sɜ:bɪə]
Síria (f)	Syria	['sɪrɪə]
Suécia (f)	Sweden	['swi:dən]
Suíça (f)	Switzerland	['swɪtsələnd]
Suriname (m)	Suriname	[ˌsʊərɪ'næm]

Tailândia (f)	Thailand	['taɪlænd]
Taiwan (m)	Taiwan	[ˌtaɪ'wɑ:n]
Tajiquistão (m)	Tajikistan	[tɑ:ˌdʒɪkɪ'stɑ:n]
Tanzânia (f)	Tanzania	[ˌtænzə'nɪə]
Tasmânia (f)	Tasmania	[tæz'meɪnjə]
Tunísia (f)	Tunisia	[tju:'nɪzɪə]
Turquemenistão (m)	Turkmenistan	[ˌtɜ:kmenɪ'stɑ:n]

Turquia (f)	Turkey	['tɜ:kɪ]
Ucrânia (f)	Ukraine	[ju:'kreɪn]
Uruguai (m)	Uruguay	['jʊərəgwaɪ]
Uzbequistão (f)	Uzbekistan	[ʊzˌbekɪ'stɑ:n]
Vaticano (m)	Vatican	['vætɪkən]
Venezuela (f)	Venezuela	[ˌvenɪ'zweɪlə]
Vietname (m)	Vietnam	[ˌvjet'nɑ:m]
Zanzibar (m)	Zanzibar	[ˌzænzɪ'bɑ:(r)]

www.ingramcontent.com/pod-product-compliance
Lightning Source LLC
Chambersburg PA
CBHW070829050426
42452CB00011B/2219